GUIDE SANITAIRE

DES

VOYAGEURS AUX COLONIES.

GUIDE SANITAIRE

DES

VOYAGEURS AUX COLONIES,

OU

CONSEILS HYGIÉNIQUES

EN FAVEUR

DES EUROPÉENS DESTINÉS A PASSER AUX ILES;

SUIVIS D'UNE LISTE DES MÉDICAMENS DONT ON DOIT MUNIR LA PHARMACIE DOMESTIQUE A ÉTABLIR SUR CHAQUE HABITATION.

PAR M. E. DESCOURTILZ,

Docteur en médecine de la Faculté de Paris, ancien médecin du gouvernement à Saint-Domingue, et fondateur du Lycée colonial; médecin de l'hospice civil de Beaumont, et membre de plusieurs sociétés savantes.

L'hygiène est puisée dans la nature; c'est la raison et le sens commun qui l'ont fait découvrir. Si les hommes y eussent apporté plus d'attention, s'ils eussent été moins avides de courir après les remèdes secrets, jamais la médecine n'aurait été tournée en ridicule.

BUCAN, *Méd. dom.*

PARIS,

C. L. F. PANCKOUCKE, ÉDITEUR

DU DICTIONAIRE DES SCIENCES MÉDICALES, RUE SERPENTE, N° 16.

1816.

IMPRIMERIE DE C. L. F. PANCKOUCKE.

AVIS.

Je fus chargé en 1814, comme ancien médecin des colonies, par **MM**. Mame frères (libraires éditeurs, rue du Pot de Fer), de composer un ouvrage qui pût servir de guide aux voyageurs d'outre-mer, en leur indiquant les moyens qu'ils avaient à employer pour conserver leur santé toujours bonne, sous un nouveau climat propre à développer en eux des maladies endémiques inséparables du changement de température. Mais, au moment inattendu, mes commettans quittèrent la France, et je conservai mon manuscrit en porte-feuille, lorsqu'il me parvint plusieurs lettres de voyageurs français et étrangers qui m'étaient inconnus, par lesquelles ils réclamaient des avis accrédités par mon expérience et ma pratique.

D'un autre côté S. Ex. Monseigneur le ministre de la marine ayant daigné sourire à mon travail et reconnaître son utilité, M. le docteur Keraudren l'ayant également approuvé, je mis à profit, avec beaucoup de reconnaissance , les réflexions sages du savant médecin en chef de la marine , et je me déterminai à utiliser plus généralement les avis épistolaires que j'avais adressés aux personnes qui m'honoraient de leur confiance , et auxquelles je conseille la lecture de ce petit traité.

Les fléaux meurtriers qui ont presque toujours atteint les voyageurs d'outre-mer devant les mettre sur leurs gardes , et leur faire rechercher avec empressement les secours hygiéniques que l'art médical peut leur offrir , je leur consacre ce travail destiné au soulagement de l'humanité. Je serai dignement récompensé de mon entreprise , si le public daigne en accueillir favorablement les fruits.

DIVISION

DE L'OUVRAGE.

L e Guide sanitaire des voyageurs aux Colonies et autres pays chauds, offre un recueil de conseils hygiéniques en faveur des Européens destinés à passer aux îles, dont la pratique peut leur faire éviter la fièvre jaune et autres maladies des nouveaux débarqués. Étant destiné à être dans les mains du public, et particulièrement des personnes qui n'entendent aucun terme de l'art médical, presque toujours emprunté de langues mortes, cet ouvrage ne sera point écrit en style didactique ; les mots techniques n'étant pas familiers à la plupart des lecteurs qui seront dans le cas de l'ouvrir, on aura soin d'indiquer, par des notes, ceux des termes de l'art qu'on n'aura pu se dispenser de faire entrer dans ce traité domestique, qui sera divisé en trois parties, savoir :

PREMIÈRE PARTIE.

HYGIÈNE DE LA TRAVERSÉE.

Les conseils que nous donnons à ceux qui se confient aux mers, pour habiter sous un autre climat, ont pour but de les préparer graduel-

lement à cette nouvelle constitution, et au nouveau genre de vie auquel ils doivent être exposés;
c'est pourquoi nous donnons succinctement quelques détails sur l'existence que l'on mène à
bord, sur les habitudes qu'on y contracte, sur le
régime à observer pour éviter les inconvéniens
attachés à la navigation; et, pour mieux faire
sentir l'importance de l'application des règles
de l'hygiène, nous les passons en revue, d'après
l'ordre établi par le célèbre professeur Hallé.

1°. Les *circumfusa* offrent des observations
et des conseils relatifs à l'influence de l'air, à
la variation des températures, au passage subit
d'un air humide à une chaleur excessive, ou de
cette dernière à un froid rigoureux; on y trouve
des remarques sur l'impression que peuvent
produire, sur le moral et sur le physique, les
vents, les tempêtes, les effets du soleil et de la
lune sous la ligne.

2°. Les *applicata* renferment des avis utiles
sur la nature et l'état des vêtemens qu'on doit
porter, sur les bains, les lotions, les onctions et
les frictions si nécessaires pour rétablir une transpiration interceptée par variation de l'atmosphère, ou toute autre cause.

3°. Les *ingesta* comprennent des détails sur
les alimens qu'on distribue à bord, sur le choix
qu'on en doit faire, et les précautions à prendre

pour qu'ils ne s'altèrent pas, et ne deviennent point préjudiciables à la santé.

4°. Les *excreta* font sentir l'importance de favoriser les excrétions naturelles, et signalent les dangers qui peuvent résulter de leur suppression.

5°. Les *gesta* indiquent que les veilles et le sommeil prolongés sont autant nuisibles à la santé, que le mouvement et un repos proportionné peuvent être salutaires.

6°. Les *percepta* enfin renferment des notions sur les sensations, sur les affections de l'âme et les fonctions intellectuelles.

Cette première division est terminée par des aphorismes relatifs à la police hygiénique du bord.

SECONDE PARTIE.

HYGIÈNE DES DÉBARQUÉS AUX COLONIES OU SOUS TOUT AUTRE CLIMAT CHAUD.

En indiquant le genre de vie que l'on mène aux Antilles, les excès auxquels disposent la nature des alimens et l'influence du climat, on met en garde les nouveaux débarqués contre les amorces perfides qu'ils rencontrent à chaque pas ; on leur indique les moyens à employer, et les privations auxquelles il faut se soumettre pour prévenir l'invasion de la fièvre jaune, dont la cause diffère chez les individus de diverses professions.

Dans la seconde section, on donne un précis historique très-succinct de la fièvre jaune, des ravages qu'elle exerce ; on s'étend sur l'avantage que peuvent retirer les malades de ne point se laisser abattre par le chagrin ou la peur, ni subjuguer par les passions débilitantes, lorsqu'on en est atteint ; on insiste sur l'indispensable nécessité d'appeler un homme de l'art dès l'invasion de la maladie.

Comme on n'écrit point ici pour le médecin exercé, et qu'il est bon de ne point alarmer le lecteur, on entrouvre seulement l'histoire de la fièvre jaune, dont on veut faire connaître tous les traits caractéristiques à l'infortuné pour lequel les secours de l'art deviennent urgens ; et l'on se contente d'indiquer provisoirement les moyens de prévenir ou d'en retarder l'invasion, ou au moins d'en modérer les atteintes par les règles de l'hygiène, qui comprend et réunit, comme on le sait, les moyens de conserver la santé, et d'éloigner les maladies.

TROISIÈME PARTIE.

Cette section expose le formulaire pharmaceutique des Antilles, et dénombre les remèdes indigènes de précaution qu'on peut avantageusement

substituer aux productions exotiques à vertus analogues.

L'ouvrage est terminé par une liste des objets
dont il est indispensable de se servir pour l'é-
tablissement d'une petite pharmacie sur chaque
habitation plus ou moins éloignée des villes, et
par conséquent des secours qui sont quelquefois
impérieux, et auxquels est attachée souvent la
destinée des malades qui les réclament.

On a dû passer en revue tous les âges, tous
les sexes, tous les états et toutes les professions,
et, sans entrer dans des détails minutieux que
ne comporte pas l'ensemble du cadre circonscrit
que nous nous sommes tracé, nous nous con-
tentons de donner à cet égard quelques conseils
avoués par l'expérience.

Ainsi, quand nous démontrons l'utilité de ne
pas surcharger d'alimens un estomac qui est sur
le point de subir une altération dans ses fonctions,
par une influence atmosphérique à laquelle l'Européen n'est point accoutumé, nous recommandons un exercice modéré, comme capable de
relever la force du système musculaire.

Nous conseillons l'usage de vêtemens capables
de protéger la transpiration naturelle aux colonies : nous engageons le voyageur à se méfier
d'un sommeil trop long-temps prolongé ; à redouter l'intempérance dans quelque genre que ce

puisse être ; à observer la plus grande propreté dans tout ce qui le regarde et l'environne ; à éviter la contagion , et surtout à combattre les effets des passions débilitantes , telles que le chagrin , la peur , la tristesse , etc. , par des distractions agréables , des amusemens où préside la gaîté , l'effet des passions débilitantes étant de bouleverser l'ordre des systèmes , par une irradiation contre nature.

Nous recommandons aussi à ceux qui ont quelques évacuations habituelles, de les protéger, et le soin d'éviter leur suppression ; c'est pourquoi, en désignant le danger des métastases, nous indiquons en même temps les moyens d'y remédier.

On a placé dans le cours de l'ouvrage des additions , ou petites lignes flanquées en marge de l'alinéa ; elles servent à indiquer le sujet du paragraphe ; ces mêmes additions réunies forment la table des matières.

On nous pardonnera des répétitions d'avis , de conseils , d'instructions que nous avons cru devoir renouveler dans plusieurs circonstances où il était nécessaire d'appuyer sur l'importance de tels principes. Les dangers auxquels s'exposent les voyageurs téméraires qui veulent affronter les influences d'un nouveau climat , leur inexpérience dans la manière de se conduire pendant le cours de leur traversée et à leur arrivée ; la crainte de les laisser se confier à la fourberie ou à l'ignorance de certains Caperlata (espèce de charlatans), qu'on ne rencontre que trop souvent dans les colonies, toutes ces raisons ont enflammé notre zèle, et nous ont fait un devoir de céder à l'impulsion de l'humanité, au seul espoir de prévenir les maux que leur funeste confiance leur préparerait, s'ils étaient assez malheureux pour la placer dans des êtres ignorans qui n'ont d'autre cortége que l'impudence, l'hypocrisie, la vanité et le mensonge.

C'est ici le cas d'engager les mêmes voyageurs à se mettre en garde contre ces vieilles radoteuses qui osent profaner l'art de guérir en déroulant aux yeux du peuple crédule une foule de recettes ridicules, dont l'application même ne leur est pas possible. Mais leur but est rempli, en faisant leur fortune aux dépens de leurs dupes !

Cet ouvrage, mis à la portée de tout le monde, deviendra particulièrement recommandable pendant la traversée, à bord des bâtimens marchands qui n'ont point de chirurgiens ; à l'arrivée des voyageurs, et à ceux d'entre eux, qui, obligés de quitter promptement le port où ils ont débarqué, sont forcés d'aller s'installer sur une habitation, sans secours, sans conseils, et abandonnés provisoirement à leur inexpérience.

Ces mêmes individus auront puisé pendant leur traversée , dans la lecture de ce traité , certaines connaissances préliminaires , capables de les éclairer sur le régime qu'ils ont à suivre ; sur les dangers de tous les excès qu'il est possible de commettre , et dont les occasions se renouvellent si souvent dans les colonies. Par la pratique de ces conseils hygiéniques , ils conserveront leur santé ; ils préviendront les maladies , les éloigneront, ou même en détruiront jusqu'au germe propagateur.

Pénétrés des vérités aphoristiques de cette doctrine simple , concluante et exprimentée , ils se tiendront en garde contre tout conseil qui n'aura pas pour base l'instruction qu'ils auront méditée, et forts de ces principes salutaires , ils dévoileront l'impéritie et le charlatanisme de cette troupe d'imposteurs qui déshonorent le noble exercice de la médecine , en insinuant dans la société leurs recettes empoisonnées. Aussi ces mêmes voyageurs , confinés dans leur retraite , pourront-ils se convaincre qu'en suivant à la lettre les documens du Guide sanitaire , ils feront toujours du bien , sans jamais faire de mal.

Quoique les tempéramens ne soient point semblables, et que ceux de même nature subissent des modifications imprévues ; néanmoins, on remarquera dans tous les individus les symptômes reconnus propres à déterminer le type de la maladie; ce type, que l'on appelle caractéristique, se fait toujours observer, et n'échappe jamais à l'œil tant soit peu exercé.

Ayant ce traité à la main, on pourra donc, avec un peu d'attention et de sagacité, apprécier ou rectifier le traitement consacré par l'usage, ou réclamer de prompts secours, si la circonstance exige la présence du médecin. Tous les propriétaires d'habitations, tous les gérens ouvriront ce livre avec avantage, ayant pour principe que les effets des médicamens sont nuls, si le malade continue un régime opposé qui contrarie leur pouvoir et fait souvent accuser le médecin d'impéritie ou de négligence ; en se rappelant aussi qu'à la moindre indisposition, la diète, le bon air, l'exercice et les délayans sont les meilleurs moyens à employer pour détourner l'orage impétueux des maladies aiguës des colonies, qui ne permettent que très - rarement de faire usage de la médecine expectante.

Quant à la médecine prophylactique générale, si bien indiquée dans l'immortel traité d'Hippocrate, *De aere, locis et aquis*, elle comprend les ressorts de la police, pour assurer la salubrité des eaux, la bonne qualité des comestibles, et surtout des salaisons de cargaisons, dont on fait un si grand débit dans les colonies, la propreté des lieux, la circulation de l'air dans les endroits habités, etc.

On trouvera, à cet égard, quelques conseils hygiéniques rédigés sous forme d'aphorismes, et qui regardent la police médicale ; cependant il ne faut pas croire qu'on peut se passer des secours de l'art avec ce traité, cette prétention serait ridicule et condamnable par les dangers auxquels elle exposerait le malade ; mais sa lecture raisonnée et approfondie mettra dans le cas de les attendre lorsque, par l'éloignement, ou par d'autres obstacles, on sera dans l'impossibilité de se les procurer.

C'est dans la persuasion intime qu'il serait téméraire à un nouveau débarqué de vouloir se traiter lui-même, ne connaissant pas l'influence du climat, que nous avons indiqué peu de remèdes, et que nous ne prescrivons que des formules accessoires, ou devant disposer aux bons effets des conseils du médecin qu'on doit appeler. L'administration des remèdes dans des mains incertaines devient souvent une arme meurtrière.

Nous ne prétendons pas donner rien de nouveau sur l'hygiène, mais nous avons cherché à réunir dans un petit espace les principaux renseignemens qu'un voyageur peut désirer de consulter. Heureux si notre tentative est agréable au public !

GUIDE SANITAIRE

DES

VOYAGEURS AUX COLONIES.

PREMIÈRE PARTIE.

Hygiène des Européens pendant la traversée.

Nous emprunterons de l'*Hygiène navale* de
M. le docteur Délivet, l'étymologie et l'origine
qu'il donne du mot consacré à cette partie de
la médecine, l'art de conserver la santé ; et nous
suivrons, pour la première partie de cet ouvrage,
l'ordre établi dans ses divisions. « Le mot hygiène,
« dit-il , *hugieia* , vient du grec , et signifie sain
« ou santé ; les Grecs, par un esprit superstitieux
« qui les portait à la vénération envers tout ce
« qui est utile aux hommes, déifièrent, selon
« Pausanias , cette partie de l'art de guérir ,
« sous le nom de *Minerva hugieia* , Minerve
« salutaire, ou déesse qui donne ou conserve
« la santé ; ils lui donnèrent aussi pour père ,

« Esculape, et l'on vit constamment dans leurs
« temples la statue de cette déesse, tenant un
« flambeau, placée près de celle du dieu d'Épi-
« daure, comme s'ils eussent voulu apprendre
« aux hommes que *l'hygiène ne doit pas seu-*
« *lement être la compagne inséparable de*
« *l'art médical, mais encore leur faire con-*
« *naître qu'elle doit toujours l'éclairer.* »

L'Européen destiné à supporter les vicissitudes
de la navigation, éprouve bien des modifications
dans son genre de vie, avant d'aborder une terre
qui lui est inconnue, et où il doit essuyer l'influence d'un nouveau climat.

Il quitte le sol qui peut-être l'a vu naître,
pour se hasarder sur une mer orageuse, devant
nécessairement apporter un changement dans
son économie. Privé désormais d'une atmosphère pure et vivifiante, le voilà concentré
dans une demeure flottante, exposé aux variations et aux émanations d'une température dont
il n'a jamais ressenti les effets. Ces variations
feront d'autant plus d'impression sur son être organique, que la transition d'un climat à un autre
sera subite, et qu'il y aura été moins préparé.

Considérant ensuite sa demeure, et condam-
nant son insalubrité, si l'art n'en neutralisait les
émanations délétères, nous voyons cet Européen éviter avec répugnance l'air infect et con-

centré de la cale, partie, comme on le sait, la
plus basse du vaisseau, où, pour le maintenir
dans son assiette, est déposé le lest composé de
gueuses, morceaux de fer d'un carré long ; de
pierres, qu'on doit renouveler à cause du mé-
phytisme dont elles sont imprégnées, par leur
long séjour au milieu de substances putrescibles
et fermentatives ; où sont placés encore, dessus
des divisions particulières, appelées *soutes*, les
tonnes d'eau douce, les barils de vin, de farine,
le bœuf salé, et autres provisions communes
de l'équipage, les cables et le bois à brûler.

Ces espaces du vaisseau sont donc infectés
par une atmosphère pesante et nauséabonde, que
condense encore et que putréfie le service des
pompes destinées à assainir cet endroit de l'eau
corrompue, infiltrée par les insterstices des
planches des ponts, ou ceux des flancs du vaisseau, soit enfin lors du lavage de l'intérieur :
l'air de ce lieu bas, en raison de sa densité,
plus intense que celle de l'air du dehors, ne
pouvant être qu'imparfaitement renouvelé, n'y
serait vraiment point respirable, sans les ressources offertes par la chimie. L'air vicié qu'on
aspire dans la cale, privé de son oxigène, et
saturé abondamment de gaz acide carbonique,
occasionne, aux marins qui sont contraints d'y
travailler, des nausées, des étouffemens, une

condensation sur la peau des vapeurs humides, prise pour une transpiration forcée et excessive, une oppression enfin qui les oblige à interrompre souvent leurs occupations pour venir sur le pont respirer un air plus pur, et renouveler l'air usé dont leurs poumons ont été fatigués.

La position de la *fosse aux lions*, où l'on garde aux arrêts les officiers ou passagers qui ont manqué à la discipline du bord, est aussi malsaine que celle de la cale, quoique d'ailleurs moins humide; aussi un séjour prolongé en cette prison obscure, où l'on renferme ordinairement la peinture et le goudron, y occasionnerait-il des maladies adynamiques.

L'air de la cambuse, combiné d'émanations végétales et animales humides, et échauffé par les lumières qu'on y transporte, est encore dans la même acception; mais, comme entrepôt des vivres de l'équipage, on n'y descend que pour le temps nécessaire à choisir les provisions de chaque repas. L'un et l'autre emplacement ne sont aérés que par une ouverture supérieure horizontale, en forme de trape; une ouverture latérale, s'il était possible de la pratiquer, conviendrait beaucoup mieux pour faciliter la circulation de l'air. Les cambusiens ont tous le teint pâle.

La cambuse offre quelquefois tant de désordre

et de malpropreté , lorsque le marin maître-
d'hôtel , qui en est chargé , n'est pas soigneux ,
qu'il s'en dégage des vapeurs infectes et septiques , propres à vicier l'air environnant.

L'air qui circule dans l'entrepont est moins
raréfié , moins humide , moins insalubre , parce
qu'il est plus souvent renouvelé , au moyen des
écoutilles qu'on laisse toujours ouvertes et qui
lui livrent un libre passage ; sa résistance à
vaincre , en s'élevant , est moindre que s'il lui
fallait pénétrer à fond de cale , en raison des
ouvertures latérales pratiquées dans les galeries
qui renouvellent l'oxigène , et rendent au fluide
que nous respirons toute son élasticité.

Il règne sur le pont une atmosphère combinée
d'émanations salines , mais plus saine que dans
toutes les autres parties du vaisseau. Cependant
l'air se vicierait promptement , si on ne lavait
régulièrement le bâtiment trois fois par jour,
pour jeter à la mer les ordures et les immondices que font les ouvriers , les passagers ,
et déblayer surtout les fientes des animaux embarqués à bord pour la nourriture du capitaine
et des voyageurs. Il n'est point d'odeur aussi
nauséabonde que celle des cages à poules , quoique à l'air libre , lorsqu'on ne les entretient pas
dans la plus grande propreté.

Les environs de la cuisine , exposés à l'air , ne

sont pas sains à fréquenter. L'air chaud et humide qu'on y respire, et l'expansion tourbil-
lonnante de la fumée, qui n'est pas dirigée par
une cheminée, occasionne des ophtalmies, avec
ulcéruscules des paupières, qui deviennent souvent rebelles au traitement le plus méthodique,
si la cause en subsiste toujours.

CIRCUMFUSA.

De l'air. Nous ne rappellerons point l'analyse de l'air
qu'on sait être composé de 0,27 de gaz oxigène,
de 0,72 d'azote, de $\frac{1}{100}$ d'acide carbonique.

L'air maintient notre existence; élaboré par
nos poumons qu'il vivifie, il y laisse une portion
de son oxigène; une autre portion se mêle au
sang, et la troisième, en se combinant avec le
carbone et l'hydrogène, obtient de l'eau et du
gaz acide carbonique qui, rejetés par l'expira-
tion, constituent la transpiration pulmonaire,
qui porte à 32° environ la chaleur du corps
humain.

L'air favorise le travail de notre digestion;
celui de mer, plus frais, excite l'appétit, et facilite l'assimilation.

L'air concentré dans un espace habité par une
multitude d'individus, y dépense son oxigène,
et ne conserve que l'azote de ses parties consti-

tuantes, ce qui présage que si l'air n'est pas renouvelé dans un espace circonscrit, on doit y
être suffoqué.

L'air humide active les effets délétères de
l'atmosphère, et prédispose à la contagion.

En exposant en mer, au contact de l'air, des
matières métalliques, elles sont promptement
oxidées, ce qui sert à prouver que l'eau de la
mer en évaporation tient en dissolution du muriate du soude, ce qu'il est facile de reconnaître
par la présence d'un sédiment grisâtre dont ces
objets sont incrustés, si l'évaporation du fluide
aqueux a eu lieu jusqu'à siccité.

Il résulte de cette première expérience que
cette humidité, effet de la décomposition d'espèces animales et minérales, tient en dissolution
des matières salines et alcalescentes, qui prématurent la dégénération des corps, et engendrent
les fièvres putrides, les dysenteries, etc., dont
les caractères sont d'autant plus pernicieux, au
milieu de la température chaude et humide des
vaisseaux, que l'invasion a lieu sous la ligne,
où la chaleur accable subitement de son influence
désorganisatrice. Cette influence soudaine d'une
chaleur étouffante produit, par le relâchement
musculaire qu'elle occasionne, le diabétès ou
flux excessif d'urines, auquel il est facile de
remédier, par l'usage des boissons toniques et

légèrement diaphorétiques, propres à détourner le flux immodéré des urines, en donnant du ton aux organes qui les sécrètent.

Des tempé-
ratures.

LES températures varient d'après l'ordre des climats, des vents, des saisons, de la nature des lieux, des plaines ou des montagnes, et de la population. On reconnaît une différence de près de cent degrés de la température qu'on éprouve sous la ligne avec celle du froid glacial des poles.

Ne sait-on pas que certaines maladies ne peuvent être guéries que si le malade est transporté sous un ciel dont la température est en parfaite harmonie avec son organisation ?

Souvent j'ai vu des ulcères atoniques, ayant résisté à Saint-Domingue à la thérapeutique la mieux raisonnée, obtenir une prompte cicatrisation au retour du malade en Europe, qui recevait immédiatement l'influence d'une température froide et tonique. Par raison inverse, M. Louis Rémoussin, mon beau-père, créole de Saint-Domingue, chevalier de Saint-Louis, et habitant de l'Artibonite, victime, en France, d'une goutte qui le rendait martyr, s'étant décidé à passer à Saint-Domingue, où il était appelé par des affaires importantes, et où la température rétablissant, en son économie *américaine*, une transpiration que la température d'Europe , cause de ses douleurs arthritiques , avait interrompue , y trouva la fin de son infirmité et de ses souffrances.

S'il existe des bienfaits du choix d'une température constante et appropriée à la constitution particulière d'un individu , les variations d'atmosphère produisent à leur tour des dérangemens sensibles dans l'économie. J'ai vu à Charles-Town la température changer plusieurs fois dans la journée d'une manière remarquable , et obliger les habitans à quitter leurs vêtemens légers , pour en endosser de plus chauds. Cette transition subite du froid au chaud , *et vice versâ*, était une des causes prédisposantes à la fièvre jaune.

La chaleur accablante que l'on éprouve sous la zone torride provoque l'irritabilité du système nerveux , et appauvrit l'action musculaire ; de là l'indolence des habitans des colonies , à côté de la vivacité des désirs de leur imagination. Son influence condense les liquides , accélère impétueusement le mouvement du sang , et précipite celui des poumons ; néanmoins cette chaleur sèche , quoique excessive , est moins funeste aux Européens nouvellement marins , qu'une chaleur humide , qui est bientôt inhalée par leurs pores absorbans , laquelle suspend la

De la chaleur excessive.

transpiration habituelle, et les dispose aux maladies endémiques, particulièrement redoutables dans la saison des pluies, si on n'a pas eu le temps d'y préparer le novice navigateur par un régime prophylactique convenable.

Du froid. LE froid qu'on éprouve en allant à Saint-Domingue n'est jamais excessif; mais il est tel en revenant en Europe, lorsqu'on passe au banc de Terre-Neuve. Alors les vicissitudes atmosphériques, l'humidité glaciale, qui suppriment la transpiration et causent des affections catarrhales des membranes muqueuses, développent les principes du scorbut, et en confirment rapidement les caractères d'une manière presque désespérante.

Des vents. LA direction des vents est relative aux contrées, aux lieux, aux saisons et aux heures du jour ou de la nuit. L'impétuosité des vents se fait principalement remarquer dans les équinoxes; l'influence des vents sera d'autant plus funeste aux marins ou aux passagers, qu'ils seront en état de transpiration, ou qu'ils viendront d'essuyer une grande pluie.

Les vents réguliers, appelés alizés, et les moussons soufflent avec modération de l'est à l'ouest, entre les tropiques, et promettent aux

marins une navigation paisible et exempte d'o-
rages, tant qu'on se trouve sous leur bénigne
influence. Aux colonies les vents ont un retour
régulier, et se divisent en *brise de terre*, qui
règne pendant la nuit, et en *brise de large* ou
de mer, qui, vers onze heures du matin et vers
le coucher du soleil, souffle de la mer une fraîcheur salutaire propre à tempérer la chaleur du
jour.

Les vents d'est et du sud, chauds ou humides,
en ouvrant les pores et affaiblissant les systèmes, disposent aux maux de tête, aux lassitudes, aux maladies, tandis que les vents du
nord et ceux de l'ouest sont souvent moins mal-
sains ; aussi les marins exercés se méfient-ils
sur le pont de l'impression des courans d'air,
qui sont plus froids *sous le vent qu'au vent*.

Les tempêtes qu'on essuie, pendant la tra- Des tempêtes.
versée, affectent péniblement l'ame qui reçoit
vivement l'influence des passions débilitantes,
la crainte, la frayeur et autres sentimens causés
par l'intempérie atmosphérique portée à son
comble ; par la vue effrayante de montagnes
d'eau prêtes à vous engloutir ; par la lutte dangereuse du bâtiment contre les flots et les vents,
et l'oscillation en tout sens du vaisseau, d'autant
plus grande, que les courans sont plus rapides.

Cet état, peu inquiétant pour les marins habitués, cause aux nouveaux navigateurs des anxiétés précordiales, des vomissemens, *le mal de mer* enfin, qu'on ne plaint pas à bord, et qui fait tant souffrir. Il est même d'anciens marins qui ne peuvent s'accoutumer aux bouleversemens, dans l'économie, que provoquent les *gros temps* : aussi les individus qui se destinent à la marine, doivent-ils auparavant consulter leur constitution et leur idiosyncrasie. Tout valétudinaire disposé à la phtisie par sa conformation, serait un triste suppôt de Neptune, dans un état où il faut joindre à l'intempérie du temps et à l'exercice d'un travail pénible, les privations de tout genre, et une nourriture très-échauffante : ajoutez encore que ceux à tempérament lymphatique sont prédisposés au scorbut. Le mouvement seul du vaisseau occasionne en eux des impressions si désagréables, par la subversion antipéristaltique apparente des viscères, lors du tangage, que leurs fonctions organiques sont troublées, que ces êtres deviennent languissans, et qu'ils tombent bientôt dans une prostration de force qui les rend incapables d'aucunes facultés physiques ou intellectuelles. Il résulte de cette torpeur et de ce malaise, que ces moribonds, mouillés par l'eau de la mer, s'ils ont eu la hardiesse de rester sur le pont pendant la tempête,

n'ont pas le courage de changer de vêtemens, et
contractent des maladies, ainsi que ceux qui, par
frayeur, sont restés sous le pont du vaisseau,
exposés à repirer un air humide et concentré,
par l'impossibilité dans laquelle on se trouve de
pouvoir renouveler l'air de l'intérieur pendant
une tempête, toutes les écoutilles et autres ouvertures étant fermées pour la sûreté du bâtiment.

L'AIR étant un composé des émanations des
corps, et sa pureté, à bord des vaisseaux, étant
altérée 1°. par une réunion trop considérable
d'hommes dans un espace autant circonscrit;
2°. par l'humidité qui règne de l'évaporation de
la cale, et des vêtemens mouillés des marins;
3°. par l'émanation infecte des gaz hépatiques
(hydrogène sulfuré, carboné), produits par la
décomposition de l'eau de la mer en combinaison avec le fer, dont on reconnaît la présence
en manœuvrant les pompes d'assainissement,
et par d'autres causes dont il a été déjà parlé;
que de précautions ne doit-on pas prendre pour
le maintien de la police sur les vaisseaux, afin
d'éviter des maladies de mauvais caractère !

Lorsque la température des vaisseaux est ex-
cessivement chaude ou humide, on doit chercher à y obvier: on se servait autrefois de ven-

tillateurs qu'on suspendait au milieu des écoutilles. C'était de longs sacs de toile maintenus cintrés , au moyen de cerceaux placés par intervalles , comme dans les verveux que tout le monde connaît. On appelait ces ventillateurs des *manches à vents ;* ils étaient fenêtrés à la partie supérieure pour faciliter le passage de l'air extérieur qui, plus pesant que celui du lieu concentré avec lequel on abouche la machine , déplaçait la colonne de l'intérieur. Mais ce moyen avait beaucoup d'inconvéniens en ce qu'on ne pouvait l'employer par tous les temps , et que la machine ne pouvait servir pour les lieux les plus concentrés , et on y a renoncé.

On a éprouvé de très-grands avantages de feux allumés avec précaution sous les écoutilles pour renouveller l'air de l'intérieur des vaisseaux, et détruire une humidité malsaine ; mais ces moyens insuffisans et dangereux à employer, aaient plusieurs inconvéniens qu'on devine aisément.

Purification des vaisseaux. IL appartenait à la chimie moderne de nous offrir des résultats plus satisfaisans sous tous les rapports , et c'est au célèbre Guyton - Morveau que nous devons la découverte précieuse de l'appareil de désinfection. Ce procédé simple et utile réunit tous les avantages qu'on peut désirer , et peut être employé sans inconvénient partout.

On a donc adopté généralement ce moyen , et on lui a exclusivement donné la préférence sur le lait de chaux dont on enduisait les parties intérieures du vaisseau ; sur les fumigations aromatiques obtenues par la combustion des plantes ou de résines odorantes ; enfin , sur la volatilisation du vinaigre chauffé à un certain degré ; car , avec de tels secours , on ne parvenait pas à neutraliser les miasmes septiques ; on en diminuait seulement la qualité délétère.

La découverte précieuse de M. Guyton-Morveau de Dijon consiste à obtenir du gaz acide muriatique , en jetant dans une terrine douze parties d'acide sulfurique , sur quinze parties de sel marin un peu humide ; il résulte de cette combinaison 1°. que l'acide sulfurique s'empare de la soude, et dégage l'acide muriatique ; 2°. qu'il décompose un gaz , sous la forme de vapeurs blanchâtres , qui ont la propriété d'absorber les miasmes putrides , et de neutraliser leurs principes nuisibles à la santé. Pour tirer tout le parti possible de cette découverte avantageuse , on la répète dans des petites capsules de distance en distance , ayant soin de s'éloigner du lieu de l'expansion.

On se sert aussi du gaz acide muriatique suroxigéné, qu'on obtient de même en combinant deux parties d'oxide de manganèse , réduit en poudre ,

dix de sel marin , et six d'acide sulfurique affaibli ; alors l'oxide de manganèse cède une partie
de son oxigène, et augmente par là la vertu du
procédé. Mais il a l'inconvénient d'irriter la
trachée-artère , et d'exciter une toux violente ;
de produire des douleurs de tête , l'hémoptysie ,
et quelquefois l'apoplexie. Aussi ne l'employe-
t-on qu'après avoir fait usage du premier sans
un succès marqué dans le cas d'une épidémie.

L'INFLUENCE de l'électricité atmosphérique ,
sur l'homme , est principalement remarquable
sous le tropique et aux colonies, où les orages
sont fréquens, et pour ainsi dire journaliers. Ils
semblent avoir choisi ces lieux pour servir de
réservoir à la nature, qui y paraît alternativement embrasée par les éclairs, et retentissante
sous les éclats redoublés de plusieurs foudres à
la fois. Dans ces parages, où la chaleur devient
insupportable, on pressent ces momens d'alarmes
par un trouble , un malaise , particulièrement
éprouvés par les individus doués d'une susceptibilité nerveuse portée à l'excès. Cette influence
y est tellement perceptible, que les malades et
les convalescens rétrogradent du pas qu'ils fai-
saient vers la santé. La maladie chez les uns em-
pire, ou fournit un redoublement , tandis que
chez les autres la convalescence est sensiblement

retardée ; les hommes en bonne santé eux-mêmes y reconnaissent l'approche des orages par une dyspnée incommode, un abattement insurmontable, une nonchalance invincible, une lassitude accablante à la moindre occupation.

On a pourtant trouvé en mer un soulagement à ces inconvéniens, dans l'usage des paratonnerres, dont les vaisseaux sont la plupart armés, et qui dépensent le fluide électrique à mesure qu'il est produit, en le soutenant à une hauteur considérable pour en préserver le vaisseau et ceux qui le montent, et le reporter au réservoir commun, par le moyen de conducteurs métalliques, qui communiquent avec la mer, et dans laquelle leur extrémité est profondément plongée. C'est alors que les mâts du vaisseau, chargés positivement par le frottement de l'air électrisé, laissent apercevoir à leur sommet, à la faveur d'une nuit sombre, une clarté appelée *feu de Saint-Elme*, qui n'est autre chose qu'une gerbe lumineuse et divergente, pareille à celle qu'on verrait sortir, dans l'obscurité, d'une tige métallique que tiendrait un homme isolé et en communication avec une machine électrique en rotation : la superstition a d'abord redouté cet effet, que beaucoup de marins ont ensuite regardé comme un météore duquel ils tirent un augure en faveur de la fin de la tempête et du retour du beau temps.

ON prévient, sous le tropique, les suites funestes de l'influence du soleil et de la lune, en garnissant le pont de tentes, lorsque le ciel serein le permet; elles servent à rompre les rayons du soleil, qui, dans ces parages, y darde dans une direction verticale. Il est donc prudent de ne point s'exposer, sous la ligne, à l'ardeur du soleil, si l'on a la tête nue, ou couverte d'un chapeau noir qui, comme on le sait, a la propriété, par sa couleur, de réfléchir et d'absorber les rayons solaires. La réfraction de ces rayons brûlans, sur une côte marneuse, transmise à bord d'un vaisseau, n'y est pas moins funeste, et produit un désordre tel, dans les fonctions organiques du cerveau, que, selon M. Larrey, il peut en résulter des céphalalgies intenses et des aliénations mentales, contre lesquelles il faut employer des moyens prompts, dès la première invasion.

L'INFLUENCE de la lune n'est pas moins à craindre, et, entre autres affections morbides qu'elle suscite, on remarque à bord, et dans les colonies, des amauroses, qui sont le résultat d'un repos pris imprudemment au clair de la lune, la tête étant découverte.

ORDRE DEUXIÈME.

APPLICATA.

Les habillemens, les bains, lotions, etc.

Il serait à souhaiter, qu'à l'exemple des Hollandais, on pût introduire dans la marine française l'usage de gilets de laine, dont on se couvrirait après une grande pluie, afin d'éviter la répercussion de la sueur, et les affections morbides qui en dépendent.

On devrait aussi interdire aux matelots les chemises bleues, auxquelles la partie colorante ôte non-seulement le pouvoir d'absorber la sueur, mais encore qui déposent sur la peau cette même partie colorante, qui en bouche les pores.

La police devrait veiller également à ce que les chemises que les marins dégraissent et lavent à l'eau de la mer, soient replongées et frottées dans l'eau douce, pour détruire les particules salines qui, concentrant l'humidité, empêchent que ces vêtemens soient parfaitement secs, et occasionnent de plus à la peau, par leur contact, une constriction propre à s'opposer à l'excrétion de la sueur, fonction d'une grande importance, et excitent un prurit fatigant, par le frottement incommode du sédiment salin cristallisé. Il entre aussi dans la police sanitaire du bord, que chaque matelot ait assez de vêtemens pour en changer, le contraire les rendant, ainsi que ceux qui les approchent, victimes de la malpropreté.

On doit également leur recommander d'exposer à l'air sec leurs vêtemens mouillés, et de ne jamais les porter en cet état. On les désinfectera au moyen de fumigations de gaz acide muriatique ; si l'individu a essuyé une maladie contagieuse, il serait même plus prudent de jeter ses vêtemens à la mer, surtout si le malade a succombé.

Le changement de chemises est essentiellement nécessaire après des fortes manœuvres, où la sueur excessive excrétée, et pompée à plusieurs reprises, laisse au linge une émanation animale d'une odeur désagréable et malsaine.

Bains. LES bains sont, pendant la traversée, et dans tous les temps, d'une utilité incontestable ; et quoiqu'une ordonnance de 1786, art. 28, prescrive de recueillir à bord l'eau de la pluie pour les bains à l'eau douce, dont l'équipage peut avoir besoin, on a reconnu que, pour remplir le but qu'on se propose la plupart du temps, l'eau de la mer pouvait convenablement remplacer l'eau douce, surtout lorsqu'il s'agit d'augmenter la tonicité de la fibre par une immersion passagère ou soutenue, ou, s'il est question, au moyen de l'absorption, d'humecter une peau aride, de détendre l'appareil musculaire, de désobstruer la porosité de l'épiderme, de déterger la peau imprégnée de sucs salins ou de l'excrétion d'une transpiration desséchée. Il est bon cependant, avant de plonger dans la mer, de consulter les parages où l'on se trouve, et de s'assurer s'il ne rôde pas quelques requins autour du bâtiment. J'ai vu, par un calme plat, un infortuné passager devenir la victime de ce défaut de prévoyance : ne sachant pas nager, et accablé de la chaleur qu'on éprouve en passant sous la ligne, il s'était fait ceindre le corps et suspendre au niveau de la surface de la mer à l'une des vergues ; il s'exerçait à la natation, sans le moindre danger apparent, lorsqu'un de nos passagers aperçoit une suite de requins se diriger vers le baigneur ; soudain un cri se fait entendre, on veut haler ; il n'était plus temps ; le corps de l'infortuné était déjà devenu la proie de l'un de ces animaux voraces. Il est beaucoup plus prudent, par la facilité qu'on a à bord de puiser de l'eau, de prendre des bains de propreté dans des cuviers qui se rencontrent toujours sur les ponts ; les bains, en outre, ont les précieux avantages de détruire le prurit incommode et l'irritation cutanée, suites d'une transpiration abondante, qui, en se séchant, a absorbé la poussière des vêtemens. Ces bains froids doivent être d'une ou deux heures au plus, et n'être pris qu'avant le repas (1), ou au moins trois heures après, lorsqu'enfin le travail de la digestion doit être achevé. Il est inutile d'observer que le temps le plus favorable pour cet exercice, est le soir ou le matin, afin d'éviter l'influence d'un soleil brûlant.

Les personnes prédisposées au scorbut devront prudemment s'en abstenir. Les bains de sable chaud leur sont recommandés par le docteur Roblet, dans l'œdème scorbutique.

Les baigneurs doivent de préférence choisir des eaux courantes, et éviter soigneusement celles stagnantes, ou les bords de la mer, toujours encombrés d'immondices infects, qui ne deviennent que trop souvent la source de la fièvre jaune, par la nocuité de leurs émanations putrides.

On conçoit que la natation doit faire partie de l'éducation d'un marin, lorsqu'on se rappelle

---

(1) Il ne faut pas se régler sur les habitans des colonies, qui affrontent impunément le danger d'une indigestion, par leur habitude, dès l'enfance, de manger et de digérer dans l'eau, où ils folâtrent la plus grande partie du jour. On voit même des femmes, à l'époque de leurs menstrues, ne pas s'abstenir d'un aussi grand bienfait de la nature sous ce ciel embrasé.

qu'à chaque instant de sa vie il est exposé à tomber à la mer, et à y être englouti, s'il ne sait pas nager.

Les lotions pratiquées sur le corps, et princi-palement sur la tête, pour débarrasser le cuir chevelu de la crasse incommode et malsaine dont il est imprégné, sont utiles, et, en maintenant la bonne santé, préviennent beaucop de maladies, qui ont souvent pour cause une transpiration interceptée. *Des lotions.*

L'usage des alimens salés nécessite aussi celui des gargarismes acidulés et antiseptiques, pour prévenir les ravages du scorbut.

Dans les climats tempérés, et surtout parmi les peuples policés, on a renoncé depuis long-temps, par spéculation de propreté, à s'oindre le corps avec des substances grasses, qui, quoique leur application donne de la souplesse à la peau et rétablisse, au moyen de la friction, la vigueur et la flexibilité des membres engourdis par la fatigue, n'en sont pas moins incommodes et dégoûtantes. *Des onctions.*

Dans les climats chauds, les onctions modèrent une transpiration excessive et énervante; tandis que, sous les régions hyperboréennes, elles mettent le corps, ou plutôt l'appareil sensitif, à l'abri

du contact d'un air piquant et d'un froid rigoureux.

Le baron Desgenettes, et plusieurs célèbres
médecins, ont employé avec avantage les onctions, comme moyens prophylactiques propres
à boucher les vaisseaux absorbans et à neutraliser
l'influence des fièvres contagieuses, telles que
l'adéno-nerveuse ou la peste d'orient ; celle d'É-
gypte ; celle de Russie ; la fièvre jaune d'Espagne
et des Antilles.

Des frictions. CONSIDÉRÉES, sous le rapport de l'hygiène,
les frictions, sans avoir les inconvéniens des
onctions, en ont toutes les propriétés. En effet,
en donnant de l'élasticité et du ton à la fibre
inerte et languissante, elles protégent la circulation et la transpiration, deux fonctions importantes, dont la suspension est toujours suivie des
plus graves inconvéniens.

Les frictions sèches ou simples, faites avec la
brosse ou la flanelle, ou simplement avec la
main, sont employées comme prophylactiques,
tandis qu'on remédie aux douleurs rhumatisantes,
et autres maladies produites par une suppression
de transpiration, à l'aide de frictions humides ou
composées que fournit la thérapeutique, et parmi
lesquelles l'alkool camphré obtient un rang dis-
tingué.

ORDRE TROISIEME.

INGESTA.

Les alimens, les condimens, les boissons et les médicamens non évacuans.

Les alimens étant destinés à soutenir les forces, à réparer les pertes, et à protéger notre accroissement, doivent être choisis de bonne qualité et de facile digestion, autant que cela sera possible. Les rations qu'on délivre à bord, pendant la traversée, à tout l'équipage subalterne ; la nourriture, même servie à la table des officiers, sont un composé de viande fraîche, mal nourrie, ou de viande salée, souvent rance et alcalescente ; de légumes farineux moisis ; de biscuits miteux, vermoulus, ou devenus fermentescibles par l'humidité de la cambuse, où ils sont renfermés : quel chyle doit-on attendre d'une semblable nourriture ? Le débarquement sert à prouver l'insalubrité de ces alimens grossiers, mais les seuls qu'il soit possible de se procurer à bord d'un bâtiment, où les espaces sont circonscrits.

Les repas du bord sont fixés au nombre de trois par jour, savoir : le déjeûner à huit heures du matin ; le dîner à midi, et le souper à six heures du soir. Les rations sont pesées et distribuées également. Cette régularité influe beaucoup sur l'économie des marins dont, par cette précaution, l'estomac n'est jamais plus chargé dans un moment que dans l'autre.

Les vivres se distribuent aux hommes de l'équipage par sept rations, ce qu'on appelle *un plat*. La nourriture du déjeûner consiste en biscuit, fromage ou beurre et vin ; à midi c'est du bœuf, ou du cochon salé ; le soir des haricots, ou *fayaux*, des féves, et alternativement des lentilles, qu'ils assaisonnent, à propos, avec du vinaigre, puissant antiseptique. Les cuisiniers doivent apporter la plus scrupuleuse attention sur la propreté des vases qui leur servent, afin d'éviter les accidens qui résultent de leur trop habituelle négligence.

Du bœuf et du porc salés. Il est important de ne recevoir à bord que des alimens en bon état ; des farines et des légumes secs, et non altérés ; la viande doit être suffisamment saturée de sel pour prévenir la fermentation et l'alcalescence des parties mucilagineuses qui approchent des os. On sait que le sel saupoudré en trop petite quantité sur les substances animales que l'on veut conserver, loin de prévenir leur corruption, en prémature au contraire le développement. Cette expérience a été confir-

mée par de savans observateurs. On donne aussi
à bord, actuellement, la préférence à la chair
de porc qui, quoique salée, retient plus de parties nutritives que celle de bœuf, sinon celle, par
excellence, préparée par les Irlandais, et qui conserve une couleur rouge et une saveur exquise.

La viande de bœuf salé n'offrant plus qu'une
matière fibreuse et difficile à digérer, se délivre
à la quantité de huit onces pour le repas d'un
matelot, tandis qu'on ne lui accorde que six onces
de porc salé, dont la nature du tissu cellulaire
graisseux se dessèche moins que le bœuf, et conserve, par cela même plus de parties nutritives.

On choisit de préférence parmi la morue, celle De la morue.
appelée par les Holandais *Duke-stokfich*, qui,
étant plus desséchée que la grande morue, par
la combinaison du sulfate d'alumine, qu'on mêle
dans sa préparation avec le muriate de soude,
est moins soumise à l'effet de l'humidité. La ration de cette morue est de quatre onces pour
chaque matelot.

On ne consomme guère à bord que du fro- Du fromage.
mage de Hollande, dont la ration est de trois
onces.

Le pain frais serait d'un usage salutaire, et in- Du pain frais
et du biscuit.
comparablement plus favorable que celui du bis-

cuit, sans la difficulté de pouvoir en faire à bord de bâtimens chargés d'une grande quantité de passagers. Le biscuit de bonne qualité doit être sec et non miteux, sonore, jaune au dehors, blanc intérieurement, friable, lamelleux dans sa cassure; et surnageant dans les liquides.

Du riz. Deux onces de riz servent pour une ration. On préfère aux colonies le riz préparé à la créole au pain le mieux fait : on donne l'un et l'autre par ration de huit onces pour chaque repas.

Des légumes farineux. Pour retirer quelqu'avantage de la nourriture des légumes farineux, on ne devrait recevoir à bord que ceux récoltés dans l'année. On les délivre au poids de quatre onces.

Des assaisonnemens. Le beurre qu'on emploie à bord est toujours salé et le plus souvent rance. Lorsqu'il est vieux, en cet état il nuit aux digestions, et donne des aigreurs, par le développement de l'acide sébacique qu'il renferme.

L'huile d'olive de bonne qualité serait de beaucoup préférable, si on n'était forcé d'économiser dans le choix des approvisionnemens.

On distribue ordinairement, suivant M. Delivet, quinze livres d'huile par quintal de morue.

Dix livres par quintal de riz ;

Cinq livres par quintal de légumes.

Le vinaigre, qu'on ne saurait trop employer à bord, participe des propriétés toniques de son essence primitive, et des vertus antiseptiques qui deviennent le produit de sa fermentation. On en distribue seize pintes par quintal de morue; deux pintes et demie par quintal de légumes; et cinq pintes par quintal de riz. Du vinaigre.

Les propriétés aromatiques du poivre le rendent recommandable comme tonique et comme antiseptique, mais il ne faut pas en faire un abus; les personnes d'un tempérament sanguin ou bilieux doivent en modérer l'usage qui est moins nuisible aux tempéramens lymphatiques. Sa consommation devra augmenter pour prévenir le relâchement de la fibre qui a lieu en passant sous la ligne équatoriale, où il agit alors comme tonique, en agaçant les houpes nerveuses, et en excitant les fonctions digestives. On en estime la consommation à une demi-once par cent rations (1). Du poivre.

La vertu antiscorbutique de la moutarde en doit autoriser l'emploi. Elle a d'ailleurs la pro- De la moutarde,

---

(1) Je rappelle ici ces détails de rations, afin que tout marin ou fournisseur puisse statuer, d'après le rôle d'équipage, sur les approvisionnemens convenables pour un temps donné de la traversée.

priété de faciliter la digestion , et de neutraliser, au secours du vinaigre qui en est la base , la rancidité du lard ; il faut pour que la moutarde ait toutes les qualités qui lui sont reconnues, qu'on mette sa graine à l'abri de l'humidité , et qu'on ne la fabrique qu'à fur et mesure du besoin qu'on en a. On estime sa consommation à deux livres , par mois , pour cent hommes.

Du sel marin. LA nécessité où l'on se trouve de saler toutes les substances animales pour empêcher leur corruption , indique assez l'utilité du sel ; mais si son usage modéré détourne le scorbut, en provoquant la salive , et en facilitant la sécrétion de la bile et du suc pancréatique , sa consommation immodérée peut conduire à des résultats funestes , parmi lesquels on reconnaîtra la dépravation des sucs gastriques , l'ardeur de la bouche et des entrailles , la prédisposition aux affections cutanées, et tant d'autres inconvéniens qu'il est inutile de détailler ici. On évalue la consommation , par mois , pour cent hommes , à cent trente livres.

Des boissons. LA première boisson du marin est l'eau douce , qu'on buvait très - mauvaise et très-infecte avant l'usage des filtres à charbon , ou tonneaux-filtres , dont les bâtimens français sont

pourvus, grâces à la découverte et aux soins
de M. Smith et de M. Barry (1). Il me souvient
d'avoir été réduit à boire, pendant quarante-
cinq jours, à bord d'un vaisseau anglo - amé-
ricain, d'une eau dégoûtante, épaissie par la
décomposition de vers pourris. Comment, avec
un breuvage aussi repoussant, apaiser la soif
dont on est dévoré sous le tropique ? Quels
délices on éprouvait lorsqu'il s'en trouvait une
barrique d'une meilleure qualité ! Je dis d'une
meilleure qualité, parce qu'au bout d'un certain
temps, après les mouvemens oscillatoires du
vaisseau, ce limon, en suspens, se précipite,
entraîne avec lui tous les principes odorans ;
alors l'eau redevient potable. C'est ainsi qu'elle
désaltère, surtout lorsqu'on y ajoute un peu de
vinaigre, du jus de citron, ou de l'eau-de-vie ;
car, dans les grandes chaleurs, l'eau seule, bue
précipitamment, excite une transpiration subite
qui détruit, en énervant, le but qu'on s'est
proposé. L'eau alkoolisée au contraire est tonique, antiseptique, et ne nuit point aux fonctions

---

(1) Par le procédé de M. Smith, l'eau corrompue, fil-
trant au travers de corps spongieux et poreux, est débarrassée de ses principes hétérogènes ; son écoulement lent
laisse évaporer les miasmes putrides, et l'eau reprend de
l'atmosphère la partie d'oxigène qu'elle avait perdue dans
sa décomposition.

de la digestion , comme l'eau pure prise avec excès. Souvent dans des voyages de long cours, l'eau vient à manquer ; le célèbre Cook obtint de l'eau de mer congelée une eau douce et débarrassée , par la cristallisation aqueuse, de ses sels et autres principes bitumineux.

Saint Bazile, naufragé et jeté dans une île où l'eau douce était rare , en obtint en faisant bouillir de l'eau de mer dont il recevait les vapeurs au moyen d'une éponge.

Des chimistes ont proposé la distillation de l'eau salée , mais tous ces moyens ne sont point praticables à bord des bâtimens , et l'on y a renoncé.

Des liqueurs vineuses et alkooliques.

Comme la distribution du vin , dans un voyage de long cours , serait très-dispendieuse pour tout un équipage, puisque la ration est d'une pinte par homme chaque jour , on pourrait remplacer, quoique à regret , cette boisson bienfaisante, à l'aide de l'eau-de-vie , dans la proportion d'un $\frac{1}{12}$ sur $\frac{11}{12}$ d'eau , en réservant le vin pour réparer les forces diminuées par la transpiration excessive qui résulte des travaux pratiqués à fond de cale , ou après la manœuvre forcée qu'a nécessitée un grain de pluie ou une tempête.

Du cidre et de la bière.

On fait peu d'usage de ces boissons à bord des vaisseaux français , et cependant il est des cas ou la bière serait très-utile comme boisson nourrissante, désaltérante, rafraîchissante, et possédant en outre des propriétés diurétiques et antiscorbutiques. L'acide malique du cidre semble interdire son usage trop journalier, et on n'y a guère recours qu'en rade, dans la Normandie, soit dans les ports de mer où il est très-commun. Le cidre néanmoins a également, selon Huxham, des propriétés très-évidentes contre le scorbut; mais pour justifier cette réputation, non équivoque d'après un témoignage aussi respectable, il faut tenir le cidre dans des bouteilles bien bouchées; car s'il n'est pas exactement privé du contact immédiat de l'air, il s'y combine, suivant MM. Vicq-d'Azir et Hallé, un nouvel acide qui donne lieu à des coliques bilieuses et venteuses.

Le docteur Delivet propose, dans son *Hygiène navale*, d'approvisionner les vaisseaux, dans les voyages de longue durée, de drêche et de houblon, pour préparer au besoin une boisson salutaire aux marins, lorsque l'eau douce vient à manquer; il rappelle les avantages qu'en a retirés le capitaine Cook. Cette boisson ou bière, obtenue par la fermentation de l'orge et du houblon, est tonique et antiscorbutique.

De la drêche et du houblon.

CET auteur donne la recette d'une boisson utile qu'il a découverte, qu'on compose en mettant fermenter ensemble des pruneaux, des raisins secs, de l'écorce et des bourgeons de sapin, ou de préférence des baies de genièvre. On hâte la fermentation au moyen d'un peu de levain.

Le docteur Kéraudren fait part également, dans un numéro du Bulletin des sciences médicales, de la composition de la *boisson au ge-nièvre*, dont il a enrichi les ressources maritimes, et dont voici la formule.

Dans une barique contenant 228 litres (210 pintes), délayez-y, au moyen de 20 litres (18 pintes) d'eau bouillante, 20 kilogrammes (40 livres) de mélasse du commerce, et 5 hectogrammes (1 livre) de levure de bière; ensuite remplissez le tonneau d'eau froide, et y plongez un sac contenant 2 kilogrammes (4 livres) de baies de genièvre concassées; laissez fermenter le tout pendant trois jours; après ce temps, on peut faire usage de la liqueur, ou la mettre en bouteilles pour la conserver au besoin.

Ces boissons sont d'autant plus recommandables qu'on doit exiger la plus exacte sobriété dans le marin, autant pour son intérêt personnel que pour la sûreté des manœuvres qui lui sont confiées, et d'où dépend quelquefois le salut du vaisseau. On doit donc veiller à ce qu'il ne fasse point excès de liqueurs spiritueuses jusqu'au point de s'enivrer.

La quantité de comestibles à embarquer à bord d'un vaisseau est estimée par cent hommes, selon M. Delivet, pour un mois de traversée, à 6 moutons, 15 poules; cinq douzaines d'œufs; des tablettes à bouillon; 45 kilogrammes (90 livres) d'oseille confite; soixante-dix kilogrammes (140 livres) de choux confits; 7 kilogrammes et demi (15 livres) de prunes; 3 kilogrammes (6 livres) de sucre.

Il est inutile de répéter que la chair des animaux, embarqués depuis quelque temps, a perdu considérablement de sa qualité, tant par l'influence du mouvement oscillatoire, que par la mauvaise qualité de la nourriture qu'on leur départit.

Les œufs qui offrent une nourriture très-saine aux marins malades, étant exposés au contact de l'air, se corrompent facilement; on parvient cependant à obstruer la porosité de leurs coquilles, en les enveloppant de papier huilé, ou en les emballant, lit par lit, avec du sel marin.

Les tablettes à bouillon sont des extraits du jus de différentes viandes qu'on obtient de leur rapprochement par l'intermède du feu; pour prévenir leur décomposition et leur fermentation acide, on les épice et on les aromatise, ayant d'ailleurs le soin de les soustraire à l'humidité qui les fait effleurir. Cette préparation animale alimentaire, ou consommé sec, est d'une précieuse ressource dans des momens de tempêtes et de gros temps, qui ne permettent pas l'usage de la cuisine. Leur qualité serait bien supérieure, si elles n'étaient composées que de gélatine pure, et sans aucun mélange d'autres parties animales. C'est ce qui fait conseiller au célèbre professeur Hallé de les remplacer par de l'ictyocolle, qui présente une gélatine dépurée et inaltérable.

Le sucre, le thé, et le café sont plutôt employés à bord des vaisseaux anglais, hollandais et américains, que sur les bâtimens français, sinon en cas de maladie. Cependant ces productions sont toniques et antiscorbutiques, et le thé, surtout, est convenable par un temps froid et humide, en agissant comme diaphorétique.

On doit à M. Herbin, pharmacien très-instruit, et successeur de M. Brongniart, rue de la Harpe, n°. 33, vis-à-vis celle Serpente, à Paris, la découverte de *l'essence de café Moka*, découverte d'autant plus précieuse pour les voyageurs et les marins, qu'elle procure à l'instant même une liqueur parfumée, qu'on édulcore et lactifie au moyen des tablettes de lait, dont M. Herbin est également l'inventeur et le seul préparateur.

Voici, d'après ce savant chimiste, le moyen de confectionner sur le champ une tasse de café au lait.

» On mesure deux petites cuillerées à café « d'essence dans une tasse, on remplit celle-ci « d'eau bouillante, et le café est prêt; il ne s'agit « plus que de le sucrer à volonté.

Veut-on un bol de café au lait ? « Pour faire » usage des tablettes de lait, dit M. Herbin, il » ne s'agit que d'en râper une à la manière du » chocolat, et de verser dessus et par portions, » un bol d'eau bouillante (2 tasses ou 8 onces » environ), ayant le soin d'agiter la solution. » On obtient sur-le-champ un lait très-blanc » et très-gras, qui a conservé la crème du meil- » leur lait. »

On est, par ce procédé, dispensé de confier à la négligence des cuisiniers du bord une boisson qui exige propreté et clarification, soins presque impraticables sur un vaisseau en marche lors d'un gros temps, ou si la mer est houleuse.

On peut aussi, par ce moyen, graduer la force du café au gré de chaque personne, et le trouver toujours limpide, toujours également suave, également parfumé. Chaque flacon d'es- sence, de dix tasses, coûte un franc cinquante centimes; chaque tablette de lait sucré, cin- quante centimes. Ainsi, indépendamment du meilleur marché, il y a également économie de temps et de combustible.

Nous engageons messieurs les commissaires de marine et les armateurs de bâtimens marchands à mettre ces produits chimiques au rang des provisions du bord pour la table du capitaine, de l'état-major ou des passagers, et, d'après notre propre expérience, nous félicitons M. Herbin des soins qu'il a mis à perfectionner un extrait, dont les navigateurs particulièrement lui sauront bon gré.

ORDRE QUATRIÈME.

EXCRETA.

LES excrétions sont ou naturelles ou artificielles ; parmi les premières on comprend la transpiration, les urines et les déjections ; on range, parmi les autres, les saignées et les évacuations provoquées par l'art ou par accident.

Il est des tempéramens qu'un travail pénible et l'influence de la chaleur ne sauraient émouvoir ; il en est d'autres qui transpirent au moindre mouvement, au premier rayon du soleil dont ils reçoivent la réverbération ; les premiers n'ont point à craindre autant les vicissitudes de l'atmosphère que ceux dont la porosité cutanée absorbe et exhale l'humidité. La suppression de la transpiration leur est plus ou moins funeste, et ils sont assujettis à changer plus souvent de linge que ceux qui suent difficilement par densité du derme.

Les chaleurs excitant des transpirations abondantes, affaiblissent, conduisent à l'état de maigreur, tandis que le froid au contraire occasionne des maladies inflammatoires aux personnes chez qui cette sécrétion est suspendue, je dis suspendue, car souvent le tétanos atteint dans les pays chauds les imprudens qui, étant en transpiration, s'exposent à un froid humide qui supprime tout à coup cette transpiration. Qui ne connaît les suites funestes du *béribérii*, ou tétanos général ?

On conçoit l'utilité d'exiger à bord, où il règne une grande concentration de l'air atmosphérique, la plus grande propreté du corps, chez les marins de l'une et de l'autre nature de tempérament, afin d'éviter l'émanation et le ravage des vapeurs animales, dont le méphitisme peut développer des maladies contagieuses.

De l'urine. Plus la transpiration est abondante, et plus le volume de l'urine diminue ; il est donc inutile de recourir aux secours de l'art, si l'une de ces excrétions est parfaitement établie.

Des déjections. LES vapeurs de l'onde salée qui excitent le vomissement ; le mouvement oscillatoire du vaisseau qui occasionne un sentiment de malaise, et par suite une constriction spasmodique générale ; la nature des alimens échauffans dont on se nourrit, sont les causes de la constipation qu'on éprouve pendant les premiers jours d'une traversée. Si cet état contre nature était long-temps prolongé, il faudrait avoir recours aux délayans et aux laxatifs pour éviter de plus grands inconvéniens chez les individus qui n'auraient pas été préparés au voyage d'outre-mer par quelques purgatifs de précaution.

On doit être avare du sang, à bord d'un bâtiment surtout, où les alimens ne réparent pas les forces perdues, et où l'on a besoin de vigueur pour satisfaire aux fonctions qui sont assignées. D'ailleurs l'effusion du sang l'appauvrit, et prédispose à l'affection scorbutique. Cette précaution serait tout au plus tolérable à l'égard de certains marins du midi, dont la pléthore est évidemment prouvée ; encore doit-on chercher à substituer à la saignée les délayans nitrés. Quant aux émétiques et aux purgatifs, ces moyens thérapeutiques sont de la surveillance du médecin du bord.

ORDRE CINQUIEME.

GESTA VEL ACTA.

Les veilles, le sommeil, le mouvement, le repos.

L'ÉTAT de marin est pénible et accompagné de privations ; les passagers dorment à bord, tandis qu'une partie des matelots et leurs officiers de quart consacrent leurs veilles à la sûreté du bâtiment. Cette privation d'un sommeil réparateur, que les gros temps prolongent par la surveillance qu'ils exigent, échauffe le sang, et énerve le corps.

Les marins doivent aérer le plus possible l'endroit où ils se livrent au sommeil, car la concentration nuit et trouble ce repos salutaire ; les exhalaisons et le voisinage du four et de la cuisine ne sont pas moins contraires, en ne fournissant à la respiration qu'un fluide empyreumatique et un gaz acide carbonique qui excite la toux, et colore d'une teinte noirâtre les excrétions muqueuses de la membrane pituitaire et de la trachée-artère. Une habitude à combattre également, c'est celle qu'ont les matelots de coucher habillés, pour être plus tôt levés et prêts au moindre signal de diligence. Par cette méthode, contraire aux règles de l'hygiène, le corps ne peut réparer ses fatigues ; la transpiration , la circulation sont imparfaites ; le système cutané comprimé ne peut plus absorber les principes qui augmentent la vitalité, et ce délassement incomplet laisse toujours quelque chose à désirer ; ajoutez à cela le prurit incommode produit par le desséchement, sur la peau , d'une transpiration qui n'a pu être complétement évaporée.

On dort mal pendant les premières nuits d'une traversée ; mais bientôt le corps s'habitue aux mouvemens oscillatoires du vaisseau, au bruit criard de l'intérieur et des batteries , au point qu'il vient un temps où , malgré le roulis , le marin , sommeillant paisiblement, balancé dans son hamac , n'y est pas même réveillé par le coup de canon du point du jour.

Il n'en est pas ainsi lorsque la mer est houleuse , et que le vaisseau est en tangage ou ballote sur tous les sens ; le marin alors , quoique expérimenté , ne peut goûter qu'un sommeil pénible et souvent interrompu par des secousses imprévues, occasionnées par la rencontre de deux lames en sens contraire qui ébranlent le bâtiment et le font douloureusement frémir.

Les officiers de quart doivent défendre à tout individu de dormir sur le pont par un temps humide ou froid qui nuit à la sécrétion utile de la transpiration.

Du mouvement. LE mouvement à bord est imprimé, c'est-à-dire produit par la réaction sur le système sensitif; ou volontaire, par l'exercice qu'on peut prendre sur un vaisseau à l'ancre qui alors est immobile.

Le mouvement imprimé par l'oscillation du vaisseau, trouble plus ou moins l'économie, rompt l'équilibre, est, d'après les symptômes connus, et, je le pense avec le docteur Delivet, *une affection nerveuse, ayant son principal siége dans les organes annexes, et, par sympathie dans le cerveau* (*Princ. d'Hyg. nav.*). Ces effets, comparables au saisissement que fait éprouver l'escarpolette en jeu, produisent les mêmes symptômes : tels qu'une constriction spasmodique non permanente, mais qui se re-

Du tangage. nouvelle à chaque tangage, ou au mouvement analogue de la balançoire qui, du plus haut, plonge subitement l'amateur au plus bas du demi-cercle qu'elle peut décrire. *Cardialgie, anorexie*, mal de tête, trouble de la vue, tels sont les symptômes concomitans de ces deux sortes de mouvemens imprimés.

On rend l'oscillation du vaisseau moins pé- nible pour l'éréthisme du système nerveux, en ayant soin de garder au lit la position horizontale, ou au moins de se placer au centre du mouvement qui est à peine sensible. Dans une voiture, non-suspendue, les personnes assises au-dessus de l'essieu (centre de la rotation et de gravité) éprouvent moins les secousses et les cahots que ceux qui siégent devant et derrière. On pallie, à bord, par le même principe physique, l'incommodité du tangage en se tenant au milieu du pont, et en évitant l'avant et l'arrière. On conserve aussi l'équilibre au milieu du roulis, qui souvent parvient à le rompre, en se tenant les jambes écartées et les pieds tournés en dedans (1) ; on s'oppose dans cette station à tous les mouvemens versatiles, et l'on se conserve dans son assiette, pourvu qu'on se balance dans le sens inverse du roulis, ou bien l'on serait entraîné dans la même direction par la perte du centre de gravité.

Le mécanisme du *ramer* ou *du nager* dont on voit la parfaite définition dans l'ouvrage du docteur Delivet, sortant des bornes circons-

____

(1) On remarque que les anciens marins marchent les pieds en dedans par suite de cette habitude.

crites de ce traité , il nous suffira de dire que cet exercice pris modérément , est propre à fortifier le système musculaire , autant qu'il est fatigant lors qu'il est poussé à l'excès.

Du hâler sur les manœuvres. IL en est de même du hâler sur les manœuvres, pourvu qu'on observe de ne point s'efforcer dans cet exercice pénible.

Du serrer des voiles. LA pression qu'exerce sur les viscères abdominaux , le poids de tout le corps appuyé sur la vergue pour tirer et rouler la voile , rend cette manœuvre pénible et dangereuse , par les efforts musculaires qu'elle nécessite ; aussi voit-on les marins chercher à s'exempter de cette tâche difficile et dangereuse , par le prétexte qu'ils ont prédisposition aux hernies.

Du virer au cabestan. IL n'entre en action, dans ce genre de travail, que les muscles du tronc et des extrémités inférieures ; mais aussi lorsque les marins veulent outrepasser le pouvoir de leurs forces , en appuyant trop vigoureusement la poitrine sur la barre du cabestan , crachent-ils le sang , et sont-ils exposés à d'autres accidens non moins funestes , si leur résistance n'est pas soutenue , en même temps, par les autres marins, et que le cabestan se dévire spontanément.

L'abus de la voix et la fatigue des organes qui la développent donnant souvent lieu à bord, où elle doit se faire entendre au milieu du tumulte, à des efforts dangereux, on ne sera pas étonné d'observer, chez les marins qui commandent les manœuvres, des enrouemens, des angines et quelquefois des hémoptysies.

L'exercice fatigant des manœuvres qui ne s'exécutent que par des fortes contractions, ou des relâchemens proportionnés, semble indiquer au marin le besoin d'un repos qui puisse réparer ses forces, et le disposer à de nouvelles fatigues.

Le repos ne doit pas être prolongé ; il prédispose sur mer à l'affection scorbutique. Il est de la prudence des officiers de créer une occupation active aux matelots, en cas de calme plat, ou par la continuation d'un vent favorable qui dispense des manœuvres.

ORDRE SIXIEME.

PERCEPTA.

Les sensations, les affections de l'ame, les fonctions intellectuelles, etc.

Des sensations matérielles de la vue.

LES sensations matérielles d'une vue trop long-temps exercée fatiguent singulièrement le marin qu'on place en vedette au haut d'une vergue pour la découverte d'une voile ennemie ou des attérages, en raison des mouvemens violens du vaisseau, dont il éprouve, plus que tout autre, la versatilité ; et du point fixe de la vue sur la vaste étendue d'une mer agitée, où aucun objet remarquable ne peut distraire son imagination et reposer les rayons visuels ; ces fonctions fatigantes doivent être relevées souvent et confiées à d'autres marins de l'équipage, afin d'éviter les dangers auxquels exposeraient des étourdissemens, et autres névroses irrépressibles. Il est inutile de dire que les myopes et les presbytes doivent être exempts de ce service, causant à ceux qui en sont chargés de fréquentes héméralopies, dues aussi au relâchement de l'organe exposé à la fraîcheur des nuits.

L'organe de l'odorat semble poussé à un de- De l'odorat.
gré de perfection chez beaucoup de marins.
Je cite (*Voyages d'un naturaliste*, tom. I),
l'exemple d'un matelot anglo-américain qui nous
annonçait quarante-huit heures, à l'avance, des
attérages que ni l'air, ni les instrumens ne pou-
vaient découvrir.

Les papilles nerveuses de la voûte palatine et Du goût.
de la langue sont plus émoussées chez le marin
qui fume, chique, fait excès de liqueurs spiritueuses, et un usage constant d'alimens salés.

Par la même raison, le bruit du bord, celui De l'ouie.
des manœuvres, l'explosion plus pénétrante des
pièces d'artillerie diminuent, chez le marin, la
sensibilité acoustique, et l'obligent, pour ne
pas perdre tout-à-fait les facultés de l'ouie, de
conserver dans l'oreille un peu de coton qui
neutralise, ou plutôt affaiblit les vibrations per-
turbatrices que ces commotions occasionnent.

On ne peut attendre un toucher délicat chez Du toucher.
un marin dont les papilles nerveuses sont continuellement froissées et les mains raccornies :
aussi leurs aberrations tactiles les rendent-ils
plus propres aux ouvrages rudes et grossiers,
qu'à un travail léger, pour lequel il faut de la
délicatesse dans le tact.

De la faim
et de la soif.

L'air salin qu'on respire à bord excite tellement l'appétit que, malgré le peu d'exercice que les passagers y prennent, ils ont une faim vorace et toujours renaissante ; il faut bien se garder de la satisfaire complétement, ou l'on emmagasinerait, si je puis me servir de cette expression, un chyle imparfait qui donnerait naissance tôt ou tard, surtout au débarquement où l'on a le plus besoin de santé, à une fermentation et au développement d'affections gastriques dont les suites seraient plus ou moins funestes.

L'eau pure n'étanchant point la soif, lorsqu'elle est ardente, on y ajoute un peu de vinaigre ou de l'eau-de-vie, qui agissent comme toniques et antipasmodiques.

On sait qu'ayant chaud on se désaltère plus efficacement à l'aide d'un chalumeau de paille, que si l'on avale à longs traits de l'eau froide.

Des besoins
de l'amour
physique.

L'influence du climat ou de la nourriture échauffante irrite les sensations du marin, et produit en lui une fermentation spermatique d'autant plus incommode et nuisible, que le plus souvent il ne peut la faire cesser que par des moyens honteux que la nature désavoue. La police, à cet égard, doit employer toute sa surveillance pour soustraire aux yeux des passagers les tableaux dégoûtans de ces manœuvres coupables.

Le travail d'imagination nuit particulièrement à bord aux fonctions du corps et de l'organe digestif par le changement que leur font éprouver les variations subites de l'atmosphère, la mauvaise nourriture, la crainte des dangers auxquels on est si souvent exposé au-dessus des goufres de l'élément perfide : on a remarqué que la monotone et triste existence des marins à bord, qu'on peut y considérer comme prisonniers, les rend irascibles et moroses, ou, pour le moins, apathiques.

Leur existence étant toujours uniforme, ils ne savent plus ni sentir ni méditer, conséquences tirées du travail continuel qui a lieu à l'épigastre pour la digestion des alimens grossiers dont ils font leur nourriture, et qui absorbe et concentre pour l'assimilation toutes les forces vitales de l'encéphale (1) ou cerveau.

Les deux excès sont contraires, puisqu'à bord, en raison des causes énoncées, la trop grande application peut causer la frénésie ou une aberration des facultés mentales, telle que le délire

Des fonctions de l'esprit.

---

(1) Voyez mon ouvrage intitulé : _De l'impuissance en amour, ou de l'anaphrodisie, distinguée de l'agénésie._

et la vésanie, tandis que l'insouciance et l'oisiveté conduisent à la stupidité et à l'idiotisme. Pour plus particulièrement se convaincre de ces vérités, on peut consulter le précieux Traité de l'aliénation mentale par le célèbre professeur Pinel.

Des affections de l'ame. LES affections de l'ame sont actives ou passives; elles provoquent le spasme ou le *collapsus* du système nerveux. Nous ne considérerons ici que l'influence des affections de l'ame sur la santé.

Des passions débilitantes. LE chagrin et les autres passions débilitantes prédisposent au scorbut. Le docteur Délivet cite plusieurs anecdotes curieuses pour prouver que l'espoir de revoir leur patrie a guéri tout un équipage attaqué du scorbut, mais que des contre-temps ayant bouleversé tous les projets, les matelots étaient retombés dans leur premier état.

Le chagrin, la tristesse et l'inquiétude donnent naissance également à cette névrose appelée *nostalgie* dont je parle plus bas.

Parmi les passions excitantes, on doit redouter les suites d'une joie trop vivement sentie, et qui peut suspendre ou arrêter même la circulation. Au retour d'une longue traversée, un bon époux, un bon père revoient une femme, des enfans; toutes les sensations, long-temps retenues dans leur expansion , se réveillent, et se livrant trop brusquement à l'élan de leur cœur , ils peuvent succomber victimes du plus ardent amour.

On a dû voir, par ce qui précède , combien l'inaction à bord était dangereuse , en ce qu'elle privait le corps d'une vigueur acquise par un exercice soutenu , et que, portant à l'ennui et au découragement, elle prédisposait au scorbut et à la nostalgie par la suspension des principales fonctions de notre économie. Il est donc du ressort de la police hygiénique du bord , surtout dans les longues traversées , et , par un calme plat où il n'y a plus de manœuvres à faire , d'insister sur la musique , les danses et autres amusemens joyeux, comme propres à maintenir la bonne santé, à détourner les affections tristes, et à charmer agréablement les souvenirs doulou-reux. Les célèbres navigateurs , les Coock, les Adanson , les Bougainville nous ont transmis dans leurs écrits, par des anecdotes curieuses, les avantages inappréciables de l'influence de la gaieté et de la paix de l'ame sur la santé du marin. J'ai donné dans les Voyages d'un natu-raliste l'histoire d'un jeune époux qui , par suite de nostalgie , et désespérant de revoir sa femme et ses enfans , s'est jeté à la mer dans un moment de vésanie, malgré tous les soins que nous prîmes pour l'égayer et le détourner de son funeste projet.

De la punition du marin.

La police du bord veut qu'on y exerce une discipline proportionnée aux fautes qui ont été commises. On a aboli en France les peines infamantes qu'on infligeait aux marins coupables, et, dans ce moment, on ne met guère à exécution que les peines de police correctionnelle qui consistent à retenir l'accusé dans une prison infecte et étroite, ou, d'après la nature du délit, à lui retrancher son vin, ou bien encore à le tenir aux fers sur le pont. Dans le premier cas, il y a danger de contagion ; dans le second, on expose la santé du marin dont l'estomac a besoin de toniques pour exécuter le travail de la digestion ; enfin, dans le troisième cas, l'inaction qu'éprouve un homme aux fers le prédispose aux maladies dont nous avons déjà parlé. En toutes ces circonstances, le moral est péniblement affecté, et, sous le rapport de la santé, on ne devrait faire l'application des peines méritées par le coupable, que lorsque le marin serait à terre. Il se trouve cependant des fautes graves que la sûreté du bord ne permet pas de laisser impunies. On attend tous les jours un code pénal à ce sujet.

POLICE HYGIÉNIQUE

DU BORD.

Art. Ier. Purifier, par les moyens connus, l'air qu'on respire à bord, en renouvelant celui concentré des cales, de la cambuse, de la fosse aux lions, etc.

II. Entretenir dans l'intérieur et sur les ponts la plus grande propreté, afin de prévenir les miasmes septiques qui occasionnent les maladies putrides et contagieuses.

III. Faire nettoyer régulièrement les latrines, les cages à poules, et les parcs des animaux de leurs immondices, dont l'odeur incommode est également insalubre et putride.

IV. Ne laisser baigner les marins que pendant deux heures au plus, avant le repas, ou trois heures après, c'est-à-dire lorsque le travail de la digestion est achevé. On se servira d'un filet adapté sur les flancs ou sur l'arrière du bâtiment pour ceux qui ne savent pas nager.

V. Exiger que les marins sachent nager pour prévenir les dangers, et remédier aux accidens inséparables de leur état.

VI. Exiger des cuisiniers la plus grande propreté, et le soin qu'ils doivent avoir de rappeler
aux officiers de quart la dégustation des alimens,
au moment d'en faire la distribution. Pour prévenir qu'elles ne rancissent, les viandes salées
seront toujours recouvertes par de la saumure.
Éviter en général l'altération des vivres.

VII. L'usage du vinaigre et du citron, s'il y
a lieu, sera accordé aux marins pour assaisonner
leurs mets, et prévenir l'affection scorbutique.

VIII. Préserver les farines de l'humidité, afin
de prévenir leur fermentation prématurée et
insalubre. Avoir les mêmes précautions à l'égard
du biscuit et des farineux.

IX. Renouveler à bord, autant que possible,
les alimens qu'un long séjour y a détériorés;
et en cas d'une longue navigation, détruire l'insalubrité des comestibles par les préparations
convenables.

X. Procurer aux marins, autant que possible,
des alimens sains et frais, des légumes, des
fruits, du poisson, etc.

XI. Retenir l'avidité des marins à leur débarquement, et prévenir l'abus de l'usage des
fruits, autant salutaires, pris avec modération et
en maturité, qu'ils sont insalubres et prédisposent à la dysenterie, lorsqu'on s'en repaît sans
modération. De ce nombre sont les ananas, les

oranges, les raisins, les melons, dont on est avide en débarquant.

XII. Avant la permission d'en vendre à bord, l'officier de service devra faire l'inspection de ces fruits, afin de s'assurer de leurs qualités.

XIII. Tolérer la pêche, l'usage du poisson frais réparant les désordres d'une longue traversée ; mais prévenir les marins du danger de manger certains poissons pris sur des fonds cuivrés, ou autres aussi pernicieux : influence vénéneuse cependant, qu'on peut éviter, en mettant cuire le poisson avec une pièce d'argent, qui noircit si le poisson est devenu vénéneux (1).

XIV. Distribuer aux bâtimens stationnés dans les colonies, des citrons et du tafia, pour sanifier l'eau et la rendre utile, comme tempérante sous un climat aussi brûlant. C'est une espèce de punch froid qui maintient puissamment l'énergie du sytème gastrique. Le tafia pur et quelques gros de quinquina préviennent l'invasion de fièvres pernicieuses, si fréquentes dans la saison des pluies.

XV. Avoir à bord des tonneaux à filtres, d'après le procédé de M. Smith, pour la dépuration des eaux corrompues.

____

(1) Je donne dans les Voyages d'un naturaliste l'histoire d'un de ces poissons.

XVI. Faire rincer avec soin les bariques qui ont contenu de l'eau de mer, pour refaire en pleine traversée le lest du vaisseau, avant de les remplir avec de l'eau douce, et recommander aux marins qui sont chargés de ce soin, de ne pas s'exposer, sous peine d'asphixie, à la vapeur des gaz hydrogènes carboné et phosphoré qui se dégagent du tonneau débondé, et qui sont produits par la décomposition des parties salines et bitumineuses qui constituent l'eau de mer.

XVII. Entretenir la plus exacte propreté dans l'hôpital du bord, et avoir soin de faire enlever, à fur et mesure, les déjections alvines dont les miasmes délétères sont d'autant plus à craindre, que leur évaporation est rendue impossible par la concentration des localités. Faire respirer aux malades l'air sur le pont, quand le temps et leur situation le permettent.

XVIII. En cas de calme plat ou de continuation de bon vent, qui dispensent des manœuvres, occuper les marins, et leur éviter l'oisiveté et le défaut d'exercice qui prédisposent au scorbut.

XIX. Abréger la convalescence des marins par des occupations faciles et un travail modéré qui leur tient lieu d'exercice.

XX. Dans les voyages de long cours et par un calme plat, insister sur les danses, les amusemens joyeux, afin de prévenir les désordres qui résultent du trouble des fonctions par l'impression des chagrins, de l'ennui, et autres passions débilitantes.

XXI. Prévenir les passagers, pour rassurer leur imagination, que le gouvernement a pris des mesures pour mettre les débarqués à l'abri de la fièvre jaune.

XXII. Observer, dans la distribution qu'on fait des vivres aux passagers, une égale répartition, afin d'éviter les rixes qui, à bord, ne sont que trop fréquentes, en raison de l'irascibilité que l'ennui y fait contracter.

XXIII. L'insalubrité de l'air ayant lieu à bord, en raison de la population, débarquer, aussitôt qu'on le pourra, les malades de forts équipages, les scorbutiques, les dysentériques et ceux disposés à la phthisie qui ne peuvent se rétablir à bord, et trouveront promptement un remède à leurs maux dans la vie de terre, et dans les soins qui leur y seront donnés.

XXIV. Un vaisseau qui fait de l'eau étant plus sain à habiter qu'un autre, dont la sentine n'est qu'humide, avoir soin de pomper souvent pour attirer de nouvelle eau, qui, aspirée après chaque assainissement, n'a pas, dit Foderé, le temps de se corrompre.

XXV. Imiter les célèbres navigateurs Cook et Lapeyrouse dans la visite des équipages, où les officiers du bord doivent s'assurer, au moins une fois par semaine, de la tenue des matelots, de la propreté de leurs vêtemens et de leurs hamacs.

XXVI. Séquestrer de suite des autres malades celui qui sera atteint d'une maladie contagieuse, et ne laisser autour de lui aucun des objets susceptibles d'absorber et de s'emparer des miasmes septiques.

XXVII. Ne point laisser manquer de tabac aux matelots qui y sont habitués, surtout lorsqu'ils sont exposés à l'humidité du jour et de la nuit; le tabac étant très-propre à favoriser les excrétions muqueuses qui prédisposent au scorbut.

FIN DE LA PREMIÈRE PARTIE.

SECONDE PARTIE.

PREMIÈRE SECTION.

HYGIÈNE DES DÉBARQUÉS AUX COLONIES OU
SOUS TOUT AUTRE CLIMAT CHAUD.

*Moyens de prévenir la fièvre jaune chez les
individus de diverses professions.*

CHAQUE profession produit ses maladies ; tel
individu, forcé d'embrasser un état qui ne convient point à sa santé, est bientôt la victime de son
imprévoyante résolution.

LES ouvriers employés dans les rafineries, dans
les pharmacies, dans les sucreries, respirent un
air mixte et imprégné d'exhalaisons délétères,
tellement raréfié et dépourvu de son oxigène,
qu'il ne peut plus en fournir aux poumons par
l'aspiration : de là le séjour prolongé du gaz azote ;
de là les maladies de l'organe pulmonaire, l'asthme,
la toux, la phthisie, etc., si les laboratoires sont
petits, si l'air y est concentré, et s'il n'y est pas
renouvelé.

Ces mêmes ouvriers, chez lesquels une transpiration forcée est quelquefois excessive, doivent
prendre la plus grande précaution pour passer

subitement du chaud au froid, afin d'éviter les
suites d'une transpiration interceptée. Souvent
l'altération que leur travail pénible occasionne
demande une boisson froide qui leur sera fatale
si, après l'avoir bue, ils ne continuent pas le
même exercice, précaution au moyen de laquelle les boissons froides cessent d'être dangereuses, au milieu même d'une transpiration
établie, pourvu qu'on ne la laisse pas se ralentir.

Tanneurs,   LES tanneurs, les poissonniers ou ceux oc-
poissonniers, cupés à faire dessécher le poisson pour l'usage
etc.   du pays, les fabricans d'huile, de chandelle,
les cuisiniers, les bouchers, les charcutiers,
qu'on rencontre, à chaque pas, dans les colonies, où l'on fait usage, à tous les repas, d'an-
douilles et autres préparations de ce genre, pour
les calalous d'herbages ; les marchands de salaisons, de fromages, enfin, tous les individus
exposés par leur état, à être environnés d'une
atmosphère qui devient le produit de la décomposition des substances animales et fétides ; tous
ces ouvriers, dis-je, doivent observer la plus
grande propreté et débarrasser les premières
voies par un vomitif à la moindre présence des
nausées ou des digestions laborieuses, qu'ils éviteront en tra aillant en plein air, ou en aérant
leur laboratoire ; en faisant usage de viande

fraîche, et de végétaux pour nourriture ; en buvant du punch froid, dans lequel doit dominer l'acide du citron ; en sanifiant leurs magasins par des fumigations acides, et surtout en allant respirer, après leurs travaux, un air pur et dégagé de principes délétères.

La plupart de ces individus assujettis, par leur état, à la réverbération d'un foyer ardent, se délivreront, par ce régime, de maux de tête, d'hémorrhagies, d'étouffemens, et d'autres affections généralement produites par la raréfaction du sang, et par une pléthore soudaine, occasionnée elle-même par l'absorption des molécules animales, nutritives, parvenues à l'estomac ou aux poumons dans les fonctions propres à ces deux organes.

Le travail, fils du besoin, est le père de la santé et du bonheur, dit un auteur; la vie active du paisible et innocent agriculteur, est aussi le rempart de la vertu, et l'égide de la santé ; mais il faut éviter les excès quels qu'ils soient, et se soumettre sans cesse aux règles de l'hygiène. C'est pourquoi les hommes exposés à des travaux fatigans, comme les porte-faix, les calfats, les matelots, les rameurs, etc. auront soin d'éviter la rentrée de la sueur, que provoquent leurs pénibles exercices, et qui pourrait produire en eux des coliques, des inflammations du bas-

ventre, des tympanites, des érysipèles, des esquinancies, et d'autres maladies qui sont la suite
d'une transpiration interceptée et répercutée.

Tous les journaliers, engagés, dans les colonies, par le frais ombrage des hautes futaies odo-
riférantes, à se soustraire à la chaleur du jour
pour livrer au repos leurs membres fatigués,
doivent fuir cet abri perfide, où ils peuvent trouver, sinon la mort, au moins le germe des maladies ci-dessus indiquées, en absorbant des entrailles de la terre, une humidité froide qui n'est
plus en rapport avec leur état actuel. Il est aussi
dangereux pour eux de s'étendre sur terre en
plein soleil, puisqu'ils peuvent se réveiller atteints d'une maladie inflammatoire.

Ils doivent faire usage d'alimens nourrissans
et capables de réparer les pertes qu'ils ont faites;
manger souvent, mais ne point surcharger leur
estomac d'une nourriture de difficile digestion;
sans ces précautions il n'y a pas réparation, et
les sujets au contraire acquièrent, par l'irrégu-
larité de leur régime, une tendance à l'adynamie et à une prostration de forces, d'où peuvent
résulter les plus graves inconvéniens; car, si la
digestion est incomplette, il ne se formera pas
de bon chyle, et le sang ne sera pas renouvelé;
alors, privé de sa partie lymphatique, il se coa-
gulera, et la partie rouge s'échauffant produira
des maladies inflammatoires.

Si , au contraire, le déchet du sang n'est point
expulsé au dehors et chassé par de nouvelles éla-
borations excrémentitielles , les premières engor-
geront les couloirs , et leur stagnation dévelop-
pant les germes de la putridité , produira les fièvres ataxiques et adynamiques par la corruption
des liquides et l'affaiblissement des solides.

Si les alimens sont liquides et peu substan-
ciels, le chyle sera imparfait, et le sang, privé de
sa partie rouge , sera comme dissous , et donnera naissance aux chloroses , à la cachexie ,
tandis que les alimens de difficile digestion oc-
casionneront l'hydropisie , les obstructions , etc.

Les fonctions des militaires , en campagne ,
sont actives et pénibles. Tour-à-tour jouets de
l'intempérie des saisons , accablés par des marches
excessives ; affaiblis par une mauvaise nourriture ; tourmentés par une faim dévorante qu'ils
ne peuvent satisfaire , les fièvres, les flux de
ventre , les rhumatismes leur livrent une guerre
plus meurtrière que celle du fer. On a vu à Saint-
Domingue, pendant l'expédition du général Leclerc, les soldats se bien porter, et supporter parfaitement l'influence du climat tant qu'ils res-
tèrent en activité, mais succomber, par milliers,
à la fièvre jaune, dès qu'ils prirent du repos,
parce qu'on ne les y avait pas préparés, à l'aide

5

d'un régime prophylactique convenable. Les farines, les légumes, et certains fruits eussent détourné ces ravages.

Les caractères adynamiques étant reconnus, le vin, le vinaigre, le sucre devenaient nécessaires comme les meilleurs antiseptiques, ceux enfin les moins compliqués. Les dysenteries putrides ne se guérissent-elles pas souvent par l'usage de fruits parvenus à leur maturité?

Des marins. Les matelots ont beaucoup à souffrir des intempéries de l'air et des saisons; leurs travaux sont durs et fatigans, leurs veilles sont pernicieuses, surtout, lorsqu'à la barre du gouvernail, ou employés à parer les cordages et prévenir les ravages d'un gros temps, ils essuient un grain de pluie qui les morfond souvent, au milieu de leur digestion, d'autant plus lente, qu'ils auront fait usage d'une nourriture grossière et alcalescente qui les dispose au scorbut. Les excès auxquels se livrent les gens d'équipage, lors de leur débarquement, deviennent la cause de leurs maladies; ils oublient leurs longues privations de tout genre; et pour réparer le temps perdu, ils s'abandonnent à toutes leurs passions, sans leur donner de frein, et sans avoir égard au climat, à leur tempérament actuel: combien ce dérèglement a enlevé à la marine de ses puissans soutiens!

C'est à tort que l'habitude a consacré aux marins l'usage des boissons spiritueuses lorsqu'ils ont été mouillés ; ils rétabliront bien plus sûrement leur transpiration en changeant de vêtemens, et en buvant au lit une légère infusion aromatique, telle que celle du thé, de la sauge, de la camomille, de la véronique mâle, etc., ou, pour se servir des plantes des Antilles, en employant l'infusion théiforme de l'oranger, du sassafras, de la poincillade, du gingembre, ou du bois de gayac.

Les caboteurs, les pilotes qui s'éloignent rarement des côtes ne sont pas, comme les premiers, soumis à l'influence funeste d'un nouveau climat, aux inconvéniens d'une longue traversée, pendant laquelle les fatigues, les privations, ou la mauvaise nourriture commencent à détruire l'harmonie de la santé. Que de victimes parmi les navigateurs, sans les secours de l'art et la pratique des règles de l'hygiène !

Les matelots en rade devront s'abstenir de viandes salées, et les remplacer par des alimens frais et succulens, auxquels ils joindront l'usage des végétaux et des fruits, comme moyens propres à prévenir le scorbut et les fièvres putrides, surtout si on y associe les limonades de citrons, de tamarins, les orangers et autres fruits de cette espèce communs dans les colonies, et qui sem-

blent destinés , par l'auteur de la nature , à prévenir les désordres attachés à l'influence de la
zone torride. Le pain frais sera également employé de préférence au pain rassis , qui , en
raison de l'humidité des vaisseaux, contracte un
goût désagréable , et est plutôt susceptible d'une
fermentation insalubre. Les matelots peuvent
éviter bien des maladies en acidulant leurs boissons ; les tablettes de bouillon , la purée de pois ,
sont , on le sait , des alimens à préférer aux salaisons.

Le capitaine Coock assurait la santé de ses
équipages en faisant prendre , par jour, à ceux
de ses matelots indisposés , une pinte d'une
boisson faite avec le malt ou *drèche* et de bonne
eau qu'il renouvelait le plus souvent possible (1).
Il leur permettait la chou-croute, légume assai-
sonné de manière à lui mériter le nom d'antiscorbutique. Il leur faisait distribuer en rade
des fruits, des végétaux frais , et, en mer , des
tablettes de bouillon , des pois et du gruau.
On a observé depuis ce célèbre navigateur,
dit Buchan, que les végétaux, entre autres les
pommes de terre , étaient encore plus salutaires
dans ces circonstances s'ils étaient mangés crus.

---

(1) La drèche est le marc de l'orge qui sert à faire la
bière ; le malt est le grain germé qu'on dispose pour le
même usage.

Le sirop de vinaigre et de limon leur était souvent approprié. On connaît les vertus toniques et antiscorbutiques du sucre.

Ce bon marin, le père de son équipage, modérait les veilles de ses matelots, surtout lorsqu'ils avaient été mouillés, en faisant changer de quart. Il veillait lui-même à ce que les vêtemens de ses hommes de bord fussent toujours secs, et exigeait d'eux une extrême propreté si nécessaire dans les longues traversées, et dont la négligence développe promptement des maladies mortelles. C'est pourquoi, ne connaissant pas alors l'appareil de M. Guyton-de-Morveau, il employait l'intermède du feu pour renouveler l'air concentré des entre-ponts, puis on les désinfectait par la combustion de poudre à canon combinée avec du vinaigre et de l'eau.

La teinture alkoolique de quinquina aromatisée produit de merveilleux effets contre le scorbut, dans le flux de ventre, contre les fièvres adynamiques et autres de même caractère à la dose suivante :

Prenez quinquina rouge, une once ;
Écorce symarouba, une demi-once ;
Écorce d'orange, une demi-once ;
Sucre ou sirop de limon, quatre onces.

Faites infuser à froid pendant quarante-huit heures dans une pinte d'alkool. On prend un petit verre de cette teinture avant le repas. On prépare ce remède dans du bon vin du Rhin ou de Bordeaux pour ceux qui n'aiment pas ou ne peuvent pas employer les liqueurs spiritueuses.

Des individus sédentaires. Il existe très-peu d'individus sédentaires dans les colonies où la vie est très-active, si ce n'est parmi les gens de lettres ou ceux employés au barreau; dans les bureaux ou chez des négocians pour la tenue des livres; chez les tailleurs, les ouvrières en linge, les brodeuses et les marchandes de modes; je ne parlerai pas des cordonniers, car on emploie plus volontiers les chaussures apportées d'Europe en pacotilles; les couteliers y sont, par la même raison, en très-petit nombre.

Dans cette stagnation, préjudiciable à la santé, on respire, soit l'air infect des magasins, ou celui renfermé des études et des comptoirs, où l'air ayant perdu de son élasticité pour n'être point renouvelé, ne peut plus dilater les poumons, et cause, par sa mauvaise qualité, diverses affections de poitrine, parmi lesquelles la phthisie joue un des premiers rôles. Les digestions, en ce cas, sont viciées et donnent lieu à des vents, à des maux de tête qui en sont les symptômes; on conçoit d'ailleurs que la position courbée nuit au travail de la digestion d'autant plus laborieuse qu'on se sera écarté de la tempérance, qu'on aura négligé le choix des alimens ; car, en comprimant les poumons, cette courbure s'oppose à leur entière dilatation , et prépare des engorgemens tuberculeux qui finissent par entrer en suppuration. La circulation et la transpiration sont également imparfaites dans ce genre de vie, de là l'atrophie des membres inférieurs et les affections cutanées.

Sous une autre modification , la vie sédentaire, en relâchant les solides , dispose aux scrophules , aux affections nerveuses, infirmités graves qu'aurait pu détourner un exercice habituel par lequel le travail d'application physique ou de contention d'esprit serait de temps en temps interrompu ; alors une promenade en bon air ou l'exercice du cheval rétablissent le ressort des poumons et l'action des autres fonctions vitales.

Il résulte encore des inconvéniens de l'évaporation de différentes substances dont les nouveaux débarqués surtout doivent se méfier et se garantir. On doit compter de ce nombre les boulangers , les cordiers , les cardeurs de laine ou de coton , les chauniers , les maçons , les ouvriers occupés dans les fabriques de tabac, et tant d'autres de ce genre qu'on voit languir par suite d'engorgemens des poumons qui les affligent de toux opi-

Des ouvriers de divers états.

niâtres , d'asthme , de phthisie et de dyspnée ; affections quelquefois accompagnées de dysenteries incurables qui terminent douloureusement leur vie languissante.

Des ouvriers en tabac. ON conçoit que les parties les plus subtiles du tabac , soit qu'on le travaille pour l'écoter et le mettre en corde , soit qu'on le râpe , se combinant avec l'air atmosphérique , pénètrent dans les poumons par l'aspiration , et en irritant les bronches et tout l'appareil organique , causent nécessairement des douleurs de tète violentes , des éternuemens excessifs , quelquefois même l'inflammation du cerveau ou phrénésie, et, chez les personnes nerveuses , la constriction du pharynx et des mouvemens convulsifs. On remédie à ces inconvéniens par un traitement adoucissant et des bains.

Des pêcheurs, chasseurs, lavandières, etc. LES pêcheurs, les chasseurs, les lavandières et autres personnes d'une profession qui les met dans le cas d'être souvent plongées dans l'eau, ou exposées à des pluies d'orage, sont sujètes à une suppression de transpiration qui entraîne des affections cutanées , des érysipèles , des péripneumonies, des catarrhes et des affections rhumatismales. Elles préviendront ces maladies inflammatoires en rétablissant leur transpiration par l'application de vêtemens secs ou chauffés

au feu , et l'usage de boissons légèrement diaphorétiques.

Le travail modéré de l'imagination devient un
exercice salutaire en favorisant la circulation ,
autant qu'il est nuisible lorsqu'il est porté à
l'excès; dans le premier cas , il entretient l'équilibre et l'action de tous les organes ; dans le
second , les affections nerveuses , l'hypocondrie ,
la mélancolie , la manie , seront le triste résultat
d'une contention d'esprit trop long-temps soutenue : c'est principalement aux colonies qu'il
faut éviter ces excès , car ils entraînent à d'autres
dépenses qu'il est presque impossible de réparer.
On sait que presque tous les gens de lettres ont
l'estomac faible , que leurs digestions sont viciées
ou troublées par une application trop subite
après leur repas , et qu'en général ils ont le teint
pâle , qu'ils sont maigres ou rêveurs ; beaucoup
d'autres maladies attaquent les gens de lettres
qui se livrent à l'étude avec excès. L'insomnie ,
la migraine , le tremblement , les maladies nerveuses , l'idiotisme , les punissent , dit Tissot ,
par la partie qui a péché.

Des gens de lettres.

La nostalgie , maladie nerveuse , commune
à tous les âges , à toutes les professions , placée
par le professeur Pinel , dans l'ordre des fièvres

De la nostalgie.

ataxiques, atteint de préférence les gens de lettres, les individus arrachés à leur patrie, à leur famille, pour aller vivre sous un ciel étranger, et ceux dont l'imagination est susceptible de vives impressions. La nostalgie est un état mélancolique dans lequel on désire ardemment de revoir son pays ou sa famille, et contre lequel ni l'art du médecin ni le raisonnement ne peuvent rien. On ne parvient à le guérir qu'en cédant aux volontés de celui qui en est atteint. Le chagrin causé par cette affection est si profond que la vie n'est plus qu'un soupir, que l'âme, pour ainsi dire, se dessèche, et que le malade mène une vie languissante qui le conduit bientôt au tombeau. On a vu plusieurs fois des nègres, nouvellement arrivés d'Afrique, mourir de nostalgie au souvenir douloureux de parens, d'amis, d'enfans qu'ils ne devaient jamais revoir ; le poison, dans ce triste état, devenait en leurs mains coupables l'instrument de leur délivrance.

Les causes de la nostalgie sont ou prédisposantes ou excitantes ; dans les causes prédisposantes, on peut ranger l'influence d'un nouveau climat, d'un air moins pur que celui qu'on respirait naguère ; une nouvelle existence au moral et au physique, des pertes dans la fortune, le défaut d'une nourriture saine qui conduit à l'épuisement. Parmi les causes excitantes morales, on compte toutes les affections de l'âme qui produisent le chagrin ou le regret d'un bonheur passé, qui ne doit plus revenir; l'ennui, la séparation d'objets chéris, l'isolement dans un pays étranger, où, par la différence des langues, on ne peut se faire entendre; l'oubli forcé d'une injure qu'on a toujours présente à la mémoire, des déférences qu'on est obligé d'avoir pour des personnes que leur conduite rend méprisables; la crainte de la mort par l'incertitude de la terminaison heureuse d'une maladie.

La tristesse, le goût pour la solitude; l'irascibilité à la moindre contradiction; le dégoût pour leur condition présente; celui de la vie, et pourtant la crainte de la mort; les larmes et les soupirs que font naître chez ces malades le souvenir de leur pays, ou de tout ce qui y a rapport, tels sont les symptômes premiers qui annoncent l'invasion de cette affection nerveuse.

Bientôt les fonctions organiques sont troublées; le sommeil a disparu pour faire place à une insomnie énervante et cruelle qui leur retrace plus sensiblement encore le tableau riant de leur bonheur évanoui. De là, pouls irrégulier, forces abattues; état accompagné de la suppression des excrétions; une fièvre lente et nocturne qui les épuise, tels sont les symptômes de la maladie avancée.

Alors extinction de la sensibilité, sorte d'idiotisme qui porte ces malheureux à ne plus refuser rien de ce qu'on leur offre, à faire machinalement ce qu'on leur prescrit : rêveries moroses, accompagnées d'un silence profond ou de soupirs dans leurs promenades, qui, loin de les fortifier, dépensent au contraire leurs forces.

Dans cet état, presque désespéré, s'ils ont perdu l'espoir qui soutenait encore leur vie chancelante, cette lueur bienfaisante, en disparaissant, les plonge dans un chaos ténébreux, où le chagrin provoque bientôt un délire taciturne qui vient terminer la scène affreuse de leur existence.

On conçoit, d'après cet exposé, que le traitement de la nostalgie sera combiné de manière à combatre les différens symptômes qui se présenteront. On devra d'abord faire entrevoir au malade la possibilité de le rendre à son premier état, s'il est docile aux avis qui lui seront donnés. On emploiera le régime tonique, s'il y a prostration de forces ; les antispasmodiques, s'il y a mouvemens convulsifs ; les anodins, en cas d'insomnie ; et les épithêmes assoupissans aux tempes et sur la tête.

Le docteur Castellenau a fourni une très-bonne dissertation sur la nostalgie : en parlant, en ce cas, des bons effets de la musique sur le système nerveux, et pour prouver quelles variétés d'émotion et quelles fortes impressions elle peut faire éprouver, il cite le pouvoir magique du célèbre ranz des Vaches; c'est, dit-il, un air de corne-muse que jouent les bouviers en gardant les troupeaux dans les montagnes de la Suisse. Cet air produisait des effets tellement surprenans sur les Suisses (parmi lesquels la nostalgie est très-fréquente), avant qu'ils se fussent éloignés de la simplicité de leurs premières mœurs, qu'il fut pendant longtemps défendu, sous peine de mort, de le chanter d'aucune manière, dans les régimens. « Ces accens rustiques, auxquels nous « serions insensibles, en retraçant aux soldats « des souvenirs trop chers de leur pays, de leur « jeunesse, de leurs plaisirs, et de toute leur « ancienne façon de vivre, leur inspiraient un « tel chagrin, qu'il leur fallait alors déserter, ou « mourir de langueur. »

Il est donc facile de prouver l'influence de la médecine morale dans le traitement des maladies. Hippocrate nous dit lui-même que les médicamens auront d'autant plus d'influence que les malades les prendront avec plus de confiance. Par exemple, n'est-ce pas au moyen d'illusions chimériques, que quelques jongleurs font des cures merveilleuses, en imprimant de leur sceau fantastique une imagination crédule et ardente, disposée à croire aux miracles de ces hommes dangereux. Combien ne voit-on pas , aux colonies , de nègres , fanatisés par l'erreur , se croire guéris de cardialgie , si on leur arrache une pincée de cheveux du sommet de la tête ; j'aurais beaucoup de ces faits absurdes à citer , mais , outre qu'ils seraient trop multipliés dans ce traité , on les trouvera plus élégamment écrits dans l'intéressant ouvrage de M. Salgues , *Des Erreurs et des préjugés répandus dans la société.*

La médecine morale , applicable au traitement des maladies , ne réussit pas toujours de la même manière ; elle subit des modifications dans ses calculs , d'après l'état moral du malade , son âge, son sexe , et les événemens favorables ou fâcheux auxquels il est assujéti. Le principal talent du médecin , en ce cas , est de saisir adroitement et à propos les nuances de l'état actuel de l'âme , en y versant le baume de l'espérance , surtout si l'imagination est vivement alarmée , et en rassurant le malade dans l'effet de ses passions. Le médecin doit se contraindre auprès d'un malade en danger , qui consulte toujours sa physionomie et son regard ; ou c'est un arrêt irrévocable qu'il lui prononce , s'il ne peut empêcher l'altération de ses traits.

Un malheureux blessé , à la veille d'une opération indispensable qui doit lui conserver la vie, n'a-t-il pas besoin de consolations pour masquer les horribles momens qu'on lui prépare ?..... Rassurer le malade, ou le plaindre, suivant les cas, c'est compâtir à sa douleur, et lui donner la force de la supporter.

LES infirmiers européens, dans la cruelle fièvre jaune qui a moissonné tant de soldats de l'expédition du général Leclerc, ont fait périr autant de malades, par leurs propos décourageans, que les infirmiers nègres en ont sauvés, en leur faisant entrevoir l'espoir d'une guérison prochaine. Il faut savoir plaindre un malade, et non point le rebuter, encore moins l'alarmer sur son sort. *Conseils aux infirmiers.*

L'EXPÉRIENCE a reconnu qu'aux colonies les maladies aiguës cessent leur malignité en janvier, et que les péripneumonies se déclarent : *Maladies régnantes dans les colonies.*

Qu'en février la température uniforme ne donne lieu qu'à quelques esquinancies ;

Qu'en mars, au contraire, l'intempérie de la saison développe les catarrhes et les pleurésies.

Qu'en avril, les fièvres angioténiques, méningo-gastriques, les fièvres angioténiques-adynamiques exercent leurs ravages, et que ces dernières sont accompagnées d'un ictère dont le développement, plus ou moins tardif, cause la santé ou la mort.

Qu'en mai, les symptômes sont moins graves, en raison du commencement de la saison des pluies, mais aussi que la constitution atmosphérique de ce mois est peu favorable aux convalescens, aux diarrhéistes, aux asthmatiques, aux scorbutiques et aux poitrinaires, qui doivent opposer à cette influence morbifère un régime exact, et suivre strictement les conseils de leur médecin.

Qu'en juin, les érysipèles, les coliques, les fièvres scorbutiques et autres y sont communément observés.

Qu'en juillet, août, et septembre, on a à combattre les effets du flux dysentérique et du ténesme, ainsi que les fièvres angioténiques, méningo-gastriques avec ictère le six ou septième jour.

Qu'en octobre, les fièvres adynamiques se prolongent jusqu'au vingt-unième jour, et se compliquent en novembre d'ataxie et d'esquinancie gangréneuse.

Qu'en décembre, le plus malsain de tous les mois, les maladies acquièrent un caractère sinistre, qu'un médecin instruit peut souvent faire disparaître par l'indication d'un traitement régulier, basé sur la théorie et sur la pratique. *Studio doctor, experientiâ medicus.*

En considérant l'influence de l'air et des lieux,

on concevra facilement que les montagnes, où l'air et les eaux sont plus purs , sont également plus saines que la plaine, surtout celles qui avoisinent les lagons ou la mer , et dont le séjour donne naissance à diverses espèces d'épidémies.

On a observé , dit M. Moreau-de-Saint-Méry, que les mois les plus favorables à la santé sont les cinq premiers mois de l'année ; tandis que ceux , depuis août jusqu'en novembre , le sont le moins , et que juin et juillet semblent tenir le milieu entre les autres. C'est surtout d'août en novembre que règnent les fièvres malignes et les dysenteries épidémiques qui moissonnent ceux des nouveaux arrivés, matelots et soldats, qui négligent d'observer un régime nécessaire. Des chaleurs violentes et presque continuelles, accompagnées de vents brûlans, principalement au mois de septembre , et que ne tempèrent pas les pluies que des orages versent avec excès , sont autant de causes d'une destruction qui est encore plus rapide , si de grandes inondations produisent des amas d'eau qui croupissent dans des points bas. On doit conclure de ceci , que la trop grande sécheresse et la trop grande humidité sont également nuisibles.

SECONDE SECTION.

PRÉCIS HISTORIQUE

DE LA FIÈVRE JAUNE.

LA fièvre jaune, suivant le docteur Cailliot, est appelée, par les anciens colons français, *mal de Siam* ou *fièvre de Siam*; par les Espagnols, *vomito prieto*; par les Anglais, *black vommiting*, vomissement noir, ou bien *the yellow fever;* par les Allemands, *die pest des okzidents;* par les Italiens, *febbre giallia americana*. C'est la fièvre jaune maligne des Indes occidentales de Makiltrick; la fièvre bilieuse, maligne jaune de Moultrie; la fièvre rémittente bilieuse des pays chauds de Lind; la fièvre gastro-hépatique de Mosely; la tritéophie d'Amérique de Sauvages; le typhus ictérodes de Cullen et autres auteurs; la fièvre miasmatique ataxique du docteur Bally; la fièvre des lacs, *lake fever*, ou fièvre jaune des habitans des États-Unis.

Cette fièvre, très-aiguë et très-dangereuse, est ainsi appelée, parce qu'elle se complique d'ictère au commencement de la seconde période. Elle n'est, suivant le professeur Pinel, qu'une complication de la fièvre adynamique ou (putride), avec la fièvre méningo-gastrique ou (bilieuse).

Ses caractères généraux sont :

1°. De ne pouvoir se développer qu'à une température déterminée.

2°. D'être circonscrite, surtout pour les zones tempérées, à l'enceinte des grandes villes.

3°. D'épargner les personnes qui l'ont déjà éprouvée ou qui ont été acclimatées aux Antilles.

La fièvre jaune, *febris flava*, est donc particulière aux climats chauds des deux Amériques. Elle ne se manifeste que l'été dans les pays tempérés ; elle afflige particulièrement les habitans des côtes maritimes, et s'étend peu dans les terres.

Les femmes et les enfans, les tempéramens faibles et pituiteux y succombent bien plus rarement que les individus d'un tempérament bilieux ou sanguin, ou d'une constitution robuste.

Cette maladie offre deux périodes ; dans la première, l'excitation générale du système sanguin, connue sous le nom de fausse pléthore, et qui simule les fièvres inflammatoires, et l'irritation de l'appareil gastrique ; la seconde période développe évidemment les symptômes nerveux et putrides.

La fièvre jaune n'est endémique que sous les climats où la température s'élève au moins à

20°, principalement sur les plages littorales des bords de lamer.

Elle attaque plus particulièrement les Européens non acclimatés que les nègres, parce qu'ils supportent mieux que les premiers l'influence de la chaleur, et que la fièvre jaune a besoin d'une haute température pour se développer et étendre ses ravages, d'autant plus funestes, que l'individu qui en est frappé sera plus sensible à l'action d'un calorique exalté.

Les symptômes de la première période de la fièvre jaune sont : la peur, le chagrin, la nostalgie, l'étonnement, les yeux hagards, les soupirs fréquens, les pleurs involontaires, la crainte de la mort. Bientôt le malade éprouve une céphalalgie frontale sus-orbitaire (*type caractéristique des fièvres bilieuses qui annoncent lésion de l'estomac*), avec ou sans frisson, accompagnée de lassitudes et de prostration de forces. Il ressent des douleurs dans les lombes et de plus gravatives à l'épigastre, avec chaleur à la peau ; agitation, nausées, vomissemens, bouche pâteuse, amère ; visage enflammé, yeux rouges, sensibles à la lumière, larmoyans ; vaisseaux de la conjonctive engorgés ; quelquefois elle est jaune, ainsi que les ailes du nez et les lèvres ; constipation ou diarrhée bilieuse, urines peu abondantes, limpides, ou légèrement safrannées, quelquefois troubles et sédimenteuses; pouls lent et ne donnant que quarante pulsations.

Douleurs sourdes, parfois plus sensibles aux genoux, au fond des orbites; affection comateuse; gencives sèches; lèvre inférieure tremblante, ainsi que la langue, enduite d'une saburre adhérente jaune; ardeur dans le pharynx, constriction de l'épigastre, et douleurs déchirantes vers cette région. Le malade n'a pas soif, mais il a de fréquentes envies de vomir.

Seconde période.

APRÈS cinq jours du premier stade, si la maladie fait des progrès, les accidens se multiplient; de là, hémorragies du nez, ictère se manifestant vers les artères carotides et temporales extrêmement dilatées; vomissemens rapprochés; déjections de l'estomac plus rembrunies, poisseuses, et semblables à du marc de café délayé; déjections alvines de la même couleur, et sanguinolentes; douleurs insupportables de l'épigastre, du front; chaleur douloureuse, accompagnée d'anxiété et d'agitation.

L'œsophage et la gorge douloureusement affectés d'une impression âcre et mordicante; mouvemens partiels des muscles de la face et des extrémités; langue aride, et dents fuligineuses; pouls petit, serré, intermittent, comme si l'ar-

tère était vide ; des sédimens noirâtres et flocon-
neux nagent au milieu d'une urine visqueuse.
L'ictère fait des progrès sensibles. La saignée
noircit, la suppuration des épispastiques se ternit,
la strangurie se manifeste, des taches livides cou-
vrent le corps et le visage plombé et terreux. La
poitrine offre une éruption pétéchiale pâle, cen-
drée, rouge ou violette. Les déjections alvines
sont noires et sanguinolentes ; souvent le malade
éprouve des hémorragies passives par les narines,
les yeux, les oreilles, les intestins, la bouche,
espèce d'hématémèse ; le malade ne pouvant uri-
ner, si l'on fait usage de la sonde, on trouve la
vessie vide ou infectée d'un liquide brun, épais
et fétide. Alors de tous les émonctoires éxcré-
teurs il transsude un liquide sanguinolent, fétide
et dissolu. Enfin, lorsque le malade offre à l'ob-
servation des yeux ternes, le froid des extrémités, des sueurs partielles, le hocquet ; qu'il ne
peut plus conserver les plus légères couvertures ;
qu'il reste en supination dans un état comateux,
ou dans une agitation délirante ; que les douleurs
épigastriques ont cessé ; que le ventre se météo-
rise, il n'y a plus d'espoir, la mort attend le
malade, et c'est du quatrième au septième jour,
si les secours de l'art n'ont été réclamés à temps.

Les symptômes concomitans du *nec plus ultra*
de la maladie, sont, retour du pouls dans son

état naturel, vers le trois ou quatrième jour ; le vomissement noir et la suppression spontanée et totale des urines. Quand ces trois symptômes redoutables se trouvent réunis chez le même individu, la maladie est mortelle.

Tous ces symptômes indiqués ne paraissent pas chez le même indi.idu ; c'est donc au médecin à distinguer ceux qui caractérisent cette affreuse maladie, contre laquelle il faut, dès l'invasion, les secours les plus prompts et les plus éclairés.

La fièvre jaune offre quelquefois l'aspect d'une fièvre inflammatoire avec frénésie, ou s'annonce par un coma profond, sans beaucoup de vomissemens, quoique avec l'ictère ; mais c'est à l'homme de l'art à discerner les caractères propres à cette fièvre endémique, qui marche souvent avec les symptômes du *cholera morbus* : elle se termine aussi quelquefois par diapédèse ou transsudation du sang par les pores des vaisseaux.

Autopsie cadavérique.

L'OUVERTURE des cadavres, à la première inspection, prouve que la maladie n'est point partielle, mais qu'elle tend à une dissolution générale des humeurs. Cependant la membrane interne de l'estomac et celle du duodénum, d'un rouge plus ou moins foncé, avec des taches brunes, gangréneuses, internes, et quelquefois

des érosions , comme dans le *cholera morbus ;*
la vessie phlogosée , crispée , et contenant un
liquide noirâtre sanguinolent , ce qui ferait con-
jecturer que la maladie a pour cause première
une altération organique de l'estomac.

Causes prédisposantes.

PARMI les causes nombreuses prédisposantes à
la fièvre jaune , qui est évidemment contagieuse,
et non épidémique , mais endémique sur le lit-
toral , on y est plus exposé par l'extrême chaleur
sèche , par le voisinage des criques , des cimetières, des matières corrompues , des warfs, etc.

Par le changement subit de zone , l'accumu-
lation des gens d'équipages sur un vaisseau , l'air
concentré des prisons, des hôpitaux , les étoffes in-
fectées qui deviennent conducteurs du contagium.

Par l'abus des nourritures échauffantes salées ,
épicées , fumées , des huileux et de toutes les
substances irritantes. Par l'abus des limonades ,
des plaisirs vénériens , et de tout ce qui peut
conduire à la débilité générale.

Par les affections de l'ame, la crainte de la mort,
en affaiblissant les propriétés vitales , et interrom-
pant les fonctions ; et par les autres causes dont
nous avons déjà entretenu le lecteur.

La fièvre jaune , originaire du Mexique , d'où
elle a été transportée d'abord à l'île de Cuba ,

et ensuite aux Antilles et aux États-Unis, intro-
duite en Europe par les Espagnols, qui en ont
été les premiers et pendant long-temps les seuls
attaqués, succède aux États-Unis aux grandes
chaleurs, et cesse aux premières gelées.

Moyens prophylactiques à employer contre l'invasion de la fièvre jaune.

UNE des causes prédisposantes de la fièvre
jaune étant la grande chaleur, les nouveaux débarqués éviteront, pendant quelque temps, l'action du soleil, et ne sortiront dans les rues, s'il
est possible, que le matin et le soir, avant la
chute du jour, époque du développement des
miasmes et des vapeurs nuisibles. Lorsque leurs
affaires les y contraindront, ils devront se garantir du soleil et de la pluie, par le moyen d'un
parasol, ou en suivant les galeries dont les maisons sont communément pourvues à leur façade
antérieure.

Ils changeront d'air, et habiteront de préférence les lieux élevés si la maladie règne dans
la ville ou l'endroit qu'ils habitent. Par cette
précaution, ils s'habitueront graduellement au
climat dont les habitans des provinces méridio-
nales de l'Europe supportent sans danger l'influence. On peut au reste consulter, pour les
moyens prophylactiques, les conseils de l'hygiène

de la traversée , qui doivent être mis en usage dès l'époque de l'embarquement.

Traitement curatif de la fièvre jaune.

POUR ne point livrer le lecteur inexpérimenté à une sécurité dangereuse, nous ne ferons qu'indiquer les moyens thérapeutiques employés avec succès, en lui conseillant toujours de ne confier son existence qu'aux personnes de l'art.

La fièvre jaune, en raison de ses progrès dévastateurs, exige la médecine agissante la plus énergique : on ne doit rien attendre de l'expectation.

Il est urgent, dès l'invasion, d'administrer l'ipécacuanha, bien préférable au tartrate antimonié de potasse (émétique) qui augmente le spasme de l'estomac, siége de la maladie ; cependant il a été quelquefois employé avec succès par Lind, mais dès l'apparence des premiers symptômes, époque où l'estomac n'est point encore phlogosé par la présence des sucs gastriques viciés. On associe, dans ce cas, les émétiques aux doux laxatifs.

Les purgatifs, contraires au début, doivent être mis en usage vers le déclin de la maladie s'il existe embarras abdominal et constipation contre laquelle on emploie de préférence les lavemens laxatifs.

On ne doit employer les vésicatoires que comme rubéfians, à moins que les symptômes nerveux ne se déclarent ou qu'il y ait prostration des forces. Leur emploi est recommandable s'il y a symptômes d'ataxie ou de congestion cérébrale.

Les acides végétaux sont préférables aux acides minéraux, tant à l'intérieur qu'à l'extérieur, en lotions ; quelquefois administrés dès qu'on soupçonne la maladie, leur usage la fait avorter.

Le principe acidifiant, dit Giannini, décompose le *contagium* de la fièvre jaune (Cailliot). L'utilité des fumigations acides sert à prouver cette assertion ; le sel essentiel de quinquina, combiné avec l'alkool, convient lorsqu'il y a symptômes de putridité. On l'administre à doses fortes et rapprochées.

L'opium, en embrocations sur l'estomac et sur le ventre, est employé avec avantage pour diminuer les vomissemens, et par conséquent l'irritation de l'estomac phlogosé.

Les lotions d'eau froide sur la tête sont recommandables en cas de céphalalgie violente, ou de congestion cérébrale. Les immersions ont aussi l'avantage de faire cesser les vomissemens, souvent rebelles à tous les moyens de l'art. Ces moyens ne sont pas moins recommandables s'il y a délire ou coma. Cependant les immersions, si utiles dans la période du chaud, c'est-à-dire dès l'invasion de la maladie, seraient mortelles dans celles du froid.

Si le sujet est faible, et que, par l'effet de l'immersion, il pâlit, et que ses lèvres deviennent violâtres, on le retire pour l'essuyer et le replacer dans un lit bassiné.

Si c'est un sujet d'une forte constitution, il ne faut pas s'effrayer de l'horripilation que lui fait éprouver l'immersion dans le bain; on l'y laisse quelques instans, pour le retirer ensuite, l'essuyer, le frictionner, et le coucher dans un lit modérément échauffé.

Méthode curative des créoles et des mulâtresses.

CETTE méthode, recueillie sans principes ni calcul de la part des individus du peuple qui l'administrent, mais souvent autorisée par l'expérience et la comparaison des maladies, consiste :

1°. A frictionner tout le corps avec des citrons frais, coupés par moitié.

2°. A faire avaler de ce suc par cuillerées.

3°. A faire boire une limonade acidulée jusqu'à l'astriction.

4°. A donner des lavemens acidulés.

5°. A faire prendre, suivant les cas, des bains froids ou chauds, acidulés et aromatisés avec une grande quantité de citrons et d'oranges amères.

6°. A pratiquer, dès l'invasion, une saignée du pied, puis des frictions long-temps continuées, et à placer, aussitôt après, le malade dans un lit chaud.

Résumé du traitement proposé par le docteur Cailliot.

Quoiqu'il n'y ait point de méthode curative convenable à toutes les modifications de la fièvre jaune, et qu'on doive varier les moyens curatifs d'après l'état, la constitution du malade, et le degré de la maladie, il est bon néanmoins d'observer comme principes généraux :

1°. De calmer l'inquiétude du malade et de rassurer son imagination alarmée.

2°. De pratiquer une saignée du pied, dès l'invasion de la maladie, c'est-à-dire en cas de céphalalgie, d'un pouls dur et plein, d'yeux sensibles à la lumière et injectés; et si le sujet est vigoureux ou d'un tempérament promptement irritable, de la reitérer si elle a produit de la rémission.

3°. D'évacuer les premières voies, pour peu qu'on y soupçonne un embarras gastrique.

4°. De joindre les lavemens et les bains de pieds.

5°. De faire prendre, au début des vomissemens, du jus de citron légèrement édulcoré.

6°. En cas d'une grande chaleur, de faire usage des pédiluves, des lotions acidulées, des demi-lavemens, des frictions avec les tranches de citrons, et de tenir chaudement le malade pour favoriser une transpiration salutaire.

7°. Si le citron ne suffit pas pour arrêter les vomissemens, d'y ajouter les antispasmodiques, et les toniques aromatiques, tels que l'éther sulfurique, l'eau de fleurs d'oranges, le laudanum, le sirop de diacode, la teinture de vanille, de gingembre, etc., et de diminuer la quantité des autres boissons.

8°. En cas de douleurs abdominales, d'user de lavemens rendus narcotiques, et s'ils ne calment pas, de les aciduler, suivant le docteur Cailliot, et d'user d'embrocations anodines et émollientes, sur l'épigastre et le ventre, avec l'huile d'olives camphrée, l'opium, le musc et le castoréum.

9°. De diminuer les fortes céphalalgies, par l'application des sangsues à la tempe, par les affusions, sur la tête, d'eau froide acidulée, par les bains froids et les lotions froides acidulées.

10°. Si l'adynamie se déclare, de substituer aux adoucissans, inertes en pareil cas, des décoctions de quinquina très-rapprochées, tant en boissons qu'en lavemens ; la valériane, les teintures de ces plantes antiseptiques et aroma-

tiques, celle d'Huxam, etc. , de donner le quinquina en poudre très-fine, et le double en lavemens.

11°. D'administrer le camphre, combiné avec
le tartrite acidulé de potasse, et le nitrate de potasse ; observant d'aciduler et d'alkooliser ces
décoctions, et d'en graduer la dose, en raison
des facultés de l'estomac des malades, afin de
prévenir le vomissement, dont la continuation
détruit tout espoir de succès.

12°. D'user en temps et heure des excitans tels
que des vésicatoires volans, des sinapismes, des
lotions générales ou particlles, et de frictions
d'alkool camphré sur les extrémités, le long de
la colonne vertébrale, et sur l'épigastre.

13°. Si le quinquina en poudre subtile et passé
dans du vin, ou dans une décoction aromatique,
combinée de gomme de kino et de teinture d'o-
pium, ne peut être retenu par l'estomac, de l'ordonner en lavemens. Certains praticiens ont ob-
tenu des succès du sel essentiel de quinquina,
associé au camphre, à l'opium et au sulfate d'a-
lumine.

14°. Après les bains chauds, on emploie avec
plus d'avantage les frictions et les rubéfians,
comme capables d'opérer une révulsion.

15°. Parmi les moyens hygiéniques, on observera de protéger la fraîcheur dans l'appartement

des malades, d'y établir un courant d'air, et de les faire changer de lit, aussi souvent qu'il sera possible.

16°. Si la maladie, ayant passé le cinquième ou le septième jour, les accidens n'augmentent pas, on doit espérer une terminaison heureuse, pourvu qu'on soutienne les forces et qu'on favorise les évacuations critiques, non par l'usage des évacuans, mais par l'usage bien dirigé des toniques et desexcitans. Il ne s'agit, dans ce cas, que de seconder les efforts de la nature.

17°. La convalescence exige les plus grands soins, et nécessite indispensablement les conseils du médecin pour l'usage des alimens, dont l'abus de quantité ou la mauvaise qualité peuvent occasionner des rechutes presque toujours mortelles.

18°. On évitera les purgatifs dans les premiers temps de la convalescence, comme contraires au rétablissement de l'estomac affaibli. C'est pourquoi le médecin doit principalement chercher à fortifier les organes digestifs, et à exciter les fonctions de l'organe cutané, au moyen de bains aromatisés avec la feuille d'oranger et de citronier, ou toute autre plante de ce genre.

FIN DE LA SECONDE PARTIE.

TROISIÈME PARTIE.

PREMIÈRE SECTION.

Aphorismes hygiéniques convenables aux Européens pendant leur séjour dans les pays chauds.

ORDRE PREMIER.

CIRCUMFUSA.

On comprend dans cette classe l'influence du climat, de l'air, du froid, de la chaleur, des saisons, des pluies, des brouillards, etc.

I. ON recherchera un air pur et tempéré sous la zone torride, où, dans l'espace de vingt-quatre heures, deux vents opposés se succèdent régulièrement l'un à l'autre, pour rafraîchir l'air qui y est naturellement saturé d'humidité, ainsi que le prouvent l'abondance des pluies, la multiplicité des insectes, l'oxidation prompte des métaux, et la putréfaction subite des corps organisés.

II. On évitera les exhalaisons putrides provenant de la décomposition des substances végétales ou animales qui a lieu principalement dans les lieux bas et humides qu'habitent les insectes,

lesquelles émanations donnent naissance aux maladies putrides et exanthématiques, aux vertiges
et aux surdités, aux dyspnées, aux toux, aux
catarrhes, etc......, et disposent au relâchement
diarrhoïque et au tétanos des nouveau-nés.

III. On préviendra les inconvéniens qui peuvent résulter du passage subit de la chaleur du
jour à la fraîcheur des nuits, dans certains quar-
tiers des mornes boisés.

IV. On évitera avec soin la réverbération du
soleil du midi ; on remettra à une heure du jour
plus opportune les travaux et les fatigues de tout
genre, autant que faire se pourra.

V. Dans les cas d'une nécessité indispensable
de continuer les travaux et les fatigues, on adoptera l'usage des ventilateurs, ou, selon la cou-
tume pratiquée aux colonies, on rafraîchira l'air
des maisons par des aspersions.

VI. On imitera sur leurs habitations et dans
leurs villes les colons de l'île de Cuba, en renouvelant chaque jour, dans l'intérieur des appartemens qu'on doit occuper, des branchages d'où
se développera beaucoup d'oxigène.

VII. On choisira, de préférence sur un lieu
élevé, une demeure ombragée ou assainie par des
plantations d'orangers et autres arbres aromatiques, qui établissent des courans d'air, procurent
la décomposition des gaz acide et oxide de car-

bone, et, retenant pour eux tous les principes délétères, répandent autour d'eux l'oxigène ou air vital des anciens.

VIII. On éloignera sa demeure des lieux bas et marécageux, et on l'abritera, autant que possible, des vents du nord et de l'ouest.

IX. On protégera la salubrité des appartemens, et on détruira l'humidité malsaine par des combustibles allumés qui doivent porter la température de 12 à 22° du thermomètre de Réaumur, celle du dehors, aux colonies, montant de 16 à 28°.

X. On assainira l'habitation où l'on doit résider si elle est humide, par des rigoles ou des canaux inclinés, destinés à conduire les eaux à la plus prochaine rivière.

XI. La curiosité porte-t-elle les nouveaux arrivés au milieu des entrailles de la terre, dans des grottes métalliques ou sulfureuses; ils devront redouter, en ce cas, les émanations minérales, telles que :

1°. Les feux brisoux qui se dégagent des souterrains avec bruissement, ou se font voir sous la forme de toiles a r aignées.

2°. Les ballons, espèce de vapeur arrondie qui suffoque les personnes au-dessus desquelles ils crèvent. Ces deux émanations aériformes sont composées de gaz hydrogène.

3°. Les mofettes, autre espèce de vapeurs condensées et pesantes, frappant d'asphyxie les individus qui en sont atteints, par la propriété pernicieuse du gaz acide carbonique dont elles sont formées.

XII. On évitera aussi les émanations des substances végétales en décomposition qui, quoique moins dangereuses, sont propres cependant à produire des fièvres de mauvais caractère.

XIII. On fuira les lieux soumis à l'influence des émanations animales, ou l'on en neutralisera les effets par l'expansion du gaz que produit l'acide muriatique suroxigéné ; cet avis est de la dernière importance.

XIV. On évitera de respirer à jeun l'air humide des lagons ou des terres dont on a retiré l'eau à la suite des irrigations.

XV. On préviendra, chez les chasseurs, les pêcheurs, les marins et autres individus de semblable profession, les suites funestes d'une humidité contraire, en les faisant changer de vêtemens, leur donnant du vin généreux ou une infusion légèrement diaphorétique.

XVI. On ne s'exposera pas inconsidérément au serein ou air humide des nuits, dans la crainte d'encourir l'affliction de l'amaurose ou goutte sereine, et des autres ophtalmies si communes dans les colonies.

XVII. On établira de préférence les hôpitaux dans les mornes, sur une plate-forme boisée et où l'air circule facilement.

Il a été proposé de placer les malades sous des tentes; mais je ne crois pas ce procédé convenable dans la saison des pluies où les torrens portent sur terre une humidité malsaine; on est d'ailleurs assujéti, dans ce cas, à toutes les variations de l'atmosphère et à la visite incommode des bêtes à mille pieds, des araignées-crabes qui sortent de leurs repaires inondés; des araignées à cul rouge, dont la piqûre venimeuse exige des précautions; des scorpions, des perce-oreilles, des ravets, des scarabées, et, dans la plaine, des crustacées; les rats même, les souris, les anolis y cherchent un abri sous les mousticaires.

XVIII. On réglera sa manière de vivre et son régime hygiénique d'après l'état actuel des deux saisons dont l'une énerve par une chaleur excessive, tandis que l'autre, par son humidité constante, donne lieu aux catarrhes, etc.

XIX. On établira dans les hôpitaux, à proximité de l'eau, autant de baignoires qu'il y a de salles, afin de ne pas les faire servir alternativement aux galeux, aux vénériens, aux convalescens et aux fébricitans.

XX. On bâtira au-dessus des pertuis les latrines

qui doivent être situées de manière à ce que leurs émanations délétères n'incommodent point les malades des salles ; on n'y épargnera point l'eau pour leur lavage.

XXI. On préservera d'un vent froid et de l'humidité les salles destinées à recevoir les blessés et les vénériens : ces deux intempéries nuisent d'une manière sensible à la cure des maladies syphilitiques et surtout à celle des blessures, si souvent suivies de tétanos dans les colonies, et toujours lentes à guérir.

XXII. On ne laissera dans les salles que deux rangées de lits, afin de protéger la circulation de l'air.

XXIII. On exigera grande propreté de linge dans ces pays où la transpiration est excessive, afin d'éviter les affections cutanées.

XXIV. Les gens de métiers qui travaillent auprès d'un feu ardent, auront leur laboratoire ouvert sur deux points, afin que l'air s'y renouvelle en chassant la fumée dont l'aspiration continuelle dispose à la toux, à l'asthme, à la phthisie, etc.

XXV. Les ouvriers et ceux qui travaillent sous terre ne doivent point se rendre à jeun à leurs travaux : ils feront usage d'alimens nourrissans et de liqueurs fermentées ; ils éviteront la constipation.

XXVI. L'air des villes , chargé de vapeurs et d'exhalaisons putrides , y est souvent concentré dans des rues étroites et très-malsaines ; le voisinage des cimetières est également insalubre. On obviera à ces inconvéniens en purifiant l'air par les moyens déjà indiqués ; les chambres à coucher doivent être ouvertes à deux airs opposés.

XXVII. On exposera à l'air , dans les hôpitaux, les lits aussitôt que les malades seront levés , ou , si le local ne le permet pas , on fera usage d'un ventilateur pour le renouvellement de l'air.

XXVIII. La plupart des maladies aiguës étant contagieuses , on ne doit laisser auprès du malade que les personnes utiles pour ses besoins. Le malade, d'ailleurs, en augurera plus avantageusement, et ne sera pas effrayé par les propos que certains bavards ne peuvent retenir, qu'ils répètent à voix haute et avec une figure sinistre.

XXIX. On enterrera le plus promptement possible les malades qui ont succombé aux fièvres malignes, et on désinfectera les lieux où ils ont rendu les derniers soupirs.

XXX. On aromatisera les mêmes lieux pendant la maladie avec des branches d'orangers ou autres plantes aromatiques ; on les sanifiera par l'aspersion de vinaigre , en se frottant les mains avec des citrons coupés en deux, et qui sont communs en ces climats.

ORDRE DEUXIÈME.

APPLICATA.

Ce chapitre regarde les vêtemens, les bains, les frictions, les onctions, les lotions, etc.

I. On adoptera, parmi les vêtemens, ceux qui sont les plus convenables aux climats des Antilles qu'on doit habiter, et que réclame l'influence de la température, variable plusieurs fois le jour. Les vêtemens d'Europe conviendront pendant les premiers mois, surtout si l'on habite les environs des lagons, ou que l'on soit obligé de voyager pendant la nuit.

II. On aura soin de quitter les vêtemens mouillés après une ondée, et d'en prendre qui soient capables de reproduire progressivement la transpiration si elle a été arrêtée.

III. On ne découvrira, si l'on a chaud, que les parties du corps habituées au contact immédiat de l'air, et on évitera, si l'on transpire, l'action d'un vent froid.

IV. Les vêtemens de drap d'un tissu serré et d'une coupe aisée sont généralement choisis par les colons accoutumés au sol brûlant des Antilles, comme mettant à l'abri de l'influence directe du soleil ; cependant on doit arriver progressivement à cette habitude par des vêtemens légers, larges, d'un tissu clair et non pileux, mais formé de fil végétal.

V. On élevera les enfans, suivant l'usage des colonies, sans enveloppes autour d'eux, et abandonnés, dès le plus bas âge, à une gymnastique indiquée par la nature dans les autres classes d'animaux.

VI. On prescrira les bains tièdes aux personnes chez lesquelles la transpiration est difficile ; aux ouvriers amidonniers, aux pileurs de farines de maïs, aux ouvriers employés dans les manufactures de tabac. Ces bains auront d'autant plus d'effet qu'on s'y sera disposé par des frictions sur toute l'habitude du corps.

VII. On ne prendra en mer ou à terre les bains froids d'eau salée ou d'eau douce que pendant l'espace de deux heures au plus, et avant les repas, ou au moins trois heures après, lorsque la digestion est faite : l'heure la plus convenable est le soir ou le matin, afin d'éviter l'action nuisible d'un soleil brûlant ; en observant que les bains froids, utiles en bien des circonstances, sont nuisibles aux personnes d'une trop grande susceptibilité nerveuse ; en cas de pléthore sanguine, d'anévrismes internes, d'hémoptysie ; aux femmes enceintes, aux asthmatiques, aux phthi-

siques ; pendant le flux menstruel ou hémor-
roïdal, et dans les affections cutanées, en crispant les tissus sous-jacens.

VIII. On interdira les bains aux marins disposés à l'affection scorbutique.

IX. On se baignera de préférence dans des
eaux courantes, et on évitera celles stagnantes,
et les bords de la mer, toujours encombrés d'immondices impures, qui deviennent trop souvent
la source de la fièvre jaune, par la nocuité de
leurs émanations putrides.

X. On distribuera à chaque lit une mousticaire,
pour soustraire les malades à l'incommodité des
maringouins et des moustics, dont les piqûres irritantes échauffent, enflamment la peau, et troublent un sommeil réparateur.

XI. Les vêtemens doivent être relatifs au climat qu'on habite. Les chapeaux blancs et les
habits de la même couleur, en nankin, bazin, etc.,
sont généralement adoptés sous la zone torride;
mais quelques personnes se trouvent bien de
l'usage d'habits de drap d'une couleur claire,
pour obvier à l'inconvénient du changement de
température, et dont l'avantage est de ne point
réverbérer les rayons solaires comme les étoffes
d'une couleur foncée.

XII. Les conditions, pour les vêtemens, seront relatives à l'âge. Ainsi la jeunesse, dont le

sang est actif et la transpiration facile , n'a besoin que d'habits légers, tandis qu'on en appropriera de plus chauds pour les vieillards, afin d'obéir au vœu de la nature, en protégeant les fonctions de l'économie, et favorisant une transpiration, dont le défaut et la suppression causent les rhumatismes, etc.

XIII. Les vêtemens doivent être aisés, et ne point contrarier les mouvemens de la poitrine et du bas-ventre, ni la circulation des bras et des jambes. L'usage des bretelles sera conservé ; mais elles devront être élastiques, ou le but ne serait pas rempli.

XIV. Il est de la plus grande nécessité de changer souvent les malades de linge. Il n'y a pas de cas où un malade ne puisse être changé, quand il est dans la malpropreté, ou qu'il a eu des évacuations involontaires.

XV. Les chapeaux de paille et les chapeaux de feutre gris à haute-forme doivent être préférés dans les climats chauds, comme s'opposant, par leur couleur, à la réverbération ardente des rayons solaires, et par leur profondeur à son action immédiate, et parce qu'ils protègent la circulation intérieure de l'air renfermé qui s'y échauffe et s'y décompose avec lenteur.

XVI. Plusieurs emploient les embrocations huileuses comme moyens prophylactiques de la

fièvre jaune ; mais, en bouchant les pores absorbans, ces embrocations semblent nuire aux fonctions des vaisseaux excréteurs, et la transpiration
est interrompue, à moins qu'on ne frictionne,
après, les parties avec un morceau de flanelle.

XVII. L'expérience a prouvé que les bains de
mer et les affusions d'eau froide étaient un des
meilleurs préservatifs de la fièvre jaune, si on
les pratiquait à la moindre indisposition, ou au
soupçon de plus légers symptômes. Le docteur
Cailliot conseille d'aciduler, dans ce cas, l'eau
destinée aux bains et aux lotions, pour en retirer
plus d'avantages : attendu, dit-il (*De la fièvre
jaune* , page 267), que le principe acidifiant
décompose le virus de la fièvre jaune.

XVIII. Les bains de guildive ont des succès
marqués dans les paralysies et les rhumatismes ;
c'est pourquoi on les remplace avec avantage par
un liniment formé par la solution du savon dans
le tafia.

ORDRE TROISIÈME.

INGESTA.

On comprend par là les substances alimentaires.

I. On évitera principalement tous les excès de la table, et l'on prendra un exercice modéré, en cas d'une digestion difficile, afin de remonter le ton de l'organisme.

II. On consultera aux colonies, pour le choix des alimens; son état de santé, leurs qualités relatives, et le goût qui en autorise l'emploi.

III. On alkoolisera légèrement les limonades ou autres boissons tempérantes qu'on y offre fréquemment, afin de prévenir un trop grand relâchement musculaire, qui nuirait aux fonctions presque permanentes des organes digestifs, et prédisposerait à la fièvre jaune comme tout moyen débilitant.

IV. On fera usage, à la fin des repas, d'un peu de vin pur et généreux, et l'on observera dans leur cours, d'y ajouter de l'eau, les délayans prévenant l'incendie du système vasculaire toujours prêt à se déclarer.

V. On sera très-réservé sur l'emploi des liqueurs spiritueuses.

VI. On recherchera le suc du fruit de l'oranger, du tamarinier, quelquefois de l'ananas, les deux premières productions réunissant à la vertu tempérante de leurs principes acides, un principe saccharin qui les émousse. On mangera cependant de ces fruits avec réserve, puisque l'abus des ananas, des raisins, des melons, cause la dysenterie.

VII. On cherchera dans les melons d'eau, et dans l'eau du fruit du cocotier, prise modérément, des rafraîchissemens utiles et agréables, si un vice constitutionnel ne s'oppose pas à leur usage.

VIII. On composera son régime de vivres de bonne qualité, les alimens grossiers disposant aux maladies éruptives; on choisira de préférence les viandes d'animaux adultes, domestiques ou sauvages; on les assaisonnera modérément de plantes potagères antiscorbutiques, telles que l'ail, le piment, l'échalotte, etc. On emploie les crucifères, la canelle, le gérofle, le gimgembre, lorsqu'il y a lieu, c'est-à-dire en cas d'affection scorbutique ou de relâchement des solides.

IX. On observera que les saisons, aux colonies, étant distinctement divisées en deux parties, l'on doit pendant les temps secs user d'un régime sous-tonique, tandis qu'on emploiera avec avantage des toniques pendant la saison des pluies.

X. On variera le régime des gens de lettres d'après leur constitution et leur genre de vie ; ils useront d'alimens faciles à digérer, et s'abstiendront de graisses, de farineux venteux, de pâtisserie, etc..... Mais, en renonçant aux liqueurs alcooliques, ils useront modérément du vin qui facilite, chez eux, le travail lent de leur digestion.

XI. Ils éviteront, après le repas, le travail de l'esprit et celui de Vénus, de peur de diviser leurs forces et de les porter aux parties génitales ou au cerveau, aux dépens de l'estomac qui en a le plus grand besoin.

XII. On choisira, parmi les alimens sains, ceux de facile digestion ; il ne faut point satisfaire complètement l'appétit, comme peuvent se le permettre les individus acclimatés, qui prennent impunément des repas copieux, et ne craignent point de surcharger leur estomac de substances animales qui deviennent causes prédisposantes des fièvres ataxiques et adynamiques ; on évitera les alimens épicés avec excès, genre de mets fort en usage chez les créoles.

XIII. Une nourriture trop abondante, ou des mets de difficile digestion accordés trop précipitamment aux convalescens, aggravent leur état et occasionnent une rechute souvent irrémédiable, attendu que le régime peut guérir sans remèdes, tandis que les remèdes ne peuvent réussir si le régime est négligé.

XIV. On supprimera aux convalescens les rations du bord parce qu'elles sont indigestes pour leur estomac affaibli, et on le fortifiera par un régime tonique et une nourriture succulente.

XV. On evitera, pendant certaines époques de l'année, l'usage des poissons qui fréquentent des fonds cuivreux, ou plutôt qui se sont nourris de baies du mancenillier; ou bien l'on s'assurera de leur nocuité en les mettant bouillir avec une cuiller d'argent qui noircira si le poisson a contracté des qualités vénéneuses. Les symptômes qui les font reconnaître, sont une fièvre scarlatine, accompagnée d'une prurit insupportable, de coliques, de vertiges, et de strangulation.

XVI. On préférera pour les alimens et pour les remèdes l'usage du miel syrupeux de la colonie à celui d'Europe qui y arrive toujours dans un état de fermentation plus ou moins avancée.

XVII. Les nouveaux arrivés dans les colonies feront un usage modéré du *moussa* ou farine de maïs, qu'on a mis fermenter dans de l'eau aigrelette, et de laquelle on obtient une espèce de pâte qui remplace le pain. Ce mets ne convient point à tous les estomacs.

XVIII. Les alimens en général ne doivent

être ni trop liquides ni trop secs ; les alimens liquides relâchent les solides, excitent le scorbut,
et énervent le corps ; tandis que les alimens trop
secs ou pâteux, en communiquant de la rigidité
aux solides, disposent le corps aux fièvres angioténiques, etc.

XIX. Les liqueurs fermentées trop fortes
nuisent à la digestion au lieu de la protéger, en
crispant le système nerveux ; celles fermentées,
et dont on fait un usage journalier, comme la
bière, le vin d'ananas, de palmiste, etc..... ne
seront pas bus avant l'achèvement de la fermentation, ou bien il s'en dégagerait dans l'estomac,
du gaz acide carbonique qui incommode ; si elles
sont trop anciennes, au contraire, elles occasionnent des aigreurs et nuisent à la digestion.

XX. Les personnes d'un tempérament sanguin
ne feront pas toujours usage d'une nourriture
succulente ; elles éviteront les viandes et poissons
salés, les calalous et autres mets épicés avec excès, les vins spiritueux, le porter, les liqueurs
échauffantes ; mais le pain, les végétaux, l'eau
de rivière rendue vineuse, sont pour ces tempéramens plus favorables.

XXI. Les individus qui ont de l'embonpoint
s'abstiendront d'alimens gras et huileux. Les mets
échauffans et antiscorbutiques leur conviennent
pour favoriser les sécrétions de l'urine et de la

transpiration. L'eau, le café , le thé , le punch , et autres boissons aromatiques leur conviennent. Elles prendront beaucoup d'exercice , et dormiront peu.

XXII. Les personnes maigres suivront un régime diamétralement opposé.

XXIII. Les personnes sujettes aux aigreurs feront leur principale nourriture de viande ; tandis que celles qui ont des rapports alkalescens , useront de substances végétales acides.

XXIV. Les goutteux , les hypocondriaques , et les hystériques éviteront les acides ; leur nourriture devra être légère, tempérante et apéritive.

XXV. Les hommes de lettres ou de cabine doivent moins se nourrir que ceux qui sont occupés à des travaux pénibles. C'est pourquoi les alimens grossiers que supporte l'estomac des journaliers deviendraient indigestes pour les habitan des villes.

XXVI. Pour bien se porter dans les colonies , il faut déjeûner solidement, d'après l'usage du pays , mais souper très-peu.

XXVII. Les nouveaux arrivés qui , comme moyen prophylactique, ont employé un régime sévère, ne doivent pas le quitter brusquement, mais arriver peu à peu à leurs anciennes habitudes.

XXVIII. On évitera dans les promenades botaniques d'avaler le suc des plantes inconnues qu'on veut analyser (1), et l'on fera usage d'une limonade de tamarins acidulée, si l'on se sentait incommodé après la dégustation.

XXIX. On emploiera le quinquina à l'intérieur, et les excitans à l'extérieur, si la fièvre jaune est déclarée.

XXX. On s'abstiendra, pour boissons, des eaux saumâtres des lagons qui tiennent en dissolution des matières organiques corrompues, et l'on filtrera, pour l'usage, les eaux des rivières limoneuses.

XXXI. On choisira pour boisson l'eau des rivières basses, si communes aux Antilles, et qui roulent leurs eaux limpides sur un galet poli, de préférence à celle des rivières profondes, et dont le lit nourrit des plantes sujettes à se décomposer : les premières toujours agitées, contiennent beaucoup d'air.

XXXII. On usera avec modération du thé dans

____

(1) J'ai traité à l'hôpital Saint-Marc onze soldats de la cinquième légère, qui, ayant cueilli sur le bord d'une rivière une certaine quantité de *québec* pour du pissenlit, en firent une salade qu'ils mangèrent. Des nausées et des vertiges les avertirent de leur fatale imprudence : on m'appela à temps pour en sauver dix, le onzième succomba. *Voyez* le traitement, article *québec* de ma Flore médicale des Antilles.

les mornes et dans la plaine , où il agit comme excitant en raison de la sécheresse atmosphé-rique , mais on l'emploiera dans les plaines hu-mides. Cependant on retirera toujours plus d'a-vantages de l'usage du café et du chocolat.

XXXIII. On résistera , dans le premier temps de la fièvre jaune , au désir qu'occasionne la soif, avant de boire à longs traits des limonades froides, de l'orgeat , de la bière , et autres boissons ra-fraîchissantes , qui , supprimant la transpiration , la répercutent sur les intestins ou sur l'estomac , et en irritant ces organes, produisent des vomis-semens , et suspendent toutes les fonctions des autres viscères.

ORDRE QUATRIÈME.

EXCRETA.

On entend par ce mot l'éjection urinaire, la déjection alvine, l'excrétion menstruelle, celle des lochies, celle du sperme et des larmes, l'épistaxis ou saignement de nez, le flux hémorrhoïdal et la suppuration des plaies, etc.

I. L'excès des liquides rafraîchissans que les routiniers du pays recommandent aux nouveaux arrivés, est plutôt nuisible que profitable par le relàchement que leur usage donne à la fibre, par les transpirations excessives qu'ils provoquent, et par suite l'absorption plus facile des miasmes délétères.

II. On protégera l'excrétion salutaire des uri- Les urines. nes, par l'exercice, et en évitant de rester long-temps au lit; on s'abstiendra d'alimens secs et échauffans et de vins rouges astringens, s'il y a disposition à la strangurie.

III. L'urine, trop long-temps retenue, cause la gravelle et la pierre par son épaississement et l'évaporation de la partie la plus subtile.

IV. Les urines sont-elles trop abondantes, et menacent-elles du diabétès; on se privera de boissons aqueuses et de sels alkalis propres à irriter les reins et à décomposer le sang. Une diète fortifiante et des remèdes astringens seront alors employés.

Des déjections alvines.

V. Les selles régulières annoncent la bonne santé ; elles doivent avoir lieu une fois par vingt-quatre heures. La constipation vicie les humeurs, et le dévoiement prolongé emporte avec lui des alimens dont le chyle n'a point été absorbé. Un exercice soutenu, les promenades en plein air, un régime régulier et rafraîchissant, des vête-mens légers détruisent la constipation, et maintien-nent l'équilibre, s'il n'y a pas de cause morbifère.

Les œufs, le riz au lait aromatisé avec la ca-nelle, le vin rouge, des vêtemens chauds capables de favoriser la transpiration, conviendront au con-traire à ceux qui ont des selles trop fréquentes.

De la transpiration.

VI. Je ne répéterai point ici les causes qui interceptent la transpiration et donnent par là naissance aux plus affreuses maladies ; il me suffira d'engager le lecteur à éviter les lieux humides, l'intempérie de l'air, de porter des habits mouillés, de dormir exposé au serein, d'avoir les pieds humides, de coucher dans des draps mouillés, d'habiter des cases trop nouvellement bâties, de boire de l'eau froide, ou de se baigner dans une rivière lorsqu'on a chaud, et de s'exposer enfin à la transition subite du chaud au froid.

VII. Les saignées seront employées, comme moyen prophylactique, avec bien de la circonspection, car elles ne peuvent être supportées sans danger que par les personnes évidemment menacées de pléthore sanguine, ou par celles d'une constitution bilioso-sanguine, chez lesquelles il faut prévenir la turgescence du sang et des humeurs. Ce moyen préparatoire, suivi d'une ou deux purgations de crème de tartre, les met de niveau avec les tempéramens de moyenne complexion qui supportent mieux l'influence du climat.

VIII. Les marins, soldats ou autres individus, habitués à fumer du tabac, à le priser ou à le mâcher, conserveront soigneusement cette habitude utile à leur santé, autant que sa suppression deviendrait à craindre.

IX. Les médecins préviendront souvent la contagion en ayant un surtout de toile ou de taffetas gommé, en évitant de palper ou de tâter le pouls des malades, lorsque leurs mains sont en sueur, et en n'entrant jamais dans l'hôpital sans avoir pris préalablement une boisson tonique.

X. On évitera plus sûrement la contagion en isolant les malades atteints de la fièvre jaune dans des salles particulières qu'on aura soin de désinfecter par le procédé de M. Guyton-Morveau, qui devient un antiseptique et un préservatif.

XI. L'influence du climat disposant au relâchement de l'utérus, et aux hémorragies qui lui
succèdent, les femmes préviendront, par une
conduite régulière, les suites funestes des excès
en tous genres.

XII. Le caractère des maladies aiguës des
Antilles étant le plus souvent bilieux, on doit,
dans les temps secs, s'abstenir de l'émétique à
haute dose, tandis qu'on l'emploiera avec succès
en lavage dans une infusion de casse, de tamarins, ou dans une boisson émulsionnée et ano-
dine, suivant le cas et l'idiosyncrasie du sujet ;
mais on cherchera à obtenir des évacuations du
bas-ventre qui sont indispensables dans le traitement des maladies aiguës de ces pays.

XIII. Par la même raison, on évitera l'usage
des drastiques chez les tempéramens pléthoriques
auxquels on devra administrer les purgatifs éten-
dus ou les minoratifs qui, surtout dans les temps
pluvieux, agissent moins violemment.

XIV. On évitera aussi l'ouverture de toute
parotide qui n'est pas critique, et on en tentera
la résolution qui s'opère habituellement par un
flux diarrhoïque.

XV. Le traitement principal des maladies
aiguës des Antilles consiste dans l'usage des bains,
demi-bains, lavemens, fomentations émollientes
et huileuses sur l'hypogastre, et des minoratifs,

qui sont propres à rétablir la transpiration sup-
primée.

XVI. Le ténesme qui accompagne la diarrhée
dont sont attaqués les nouveaux arrivés, étant oc-
casionné par une irritation du tube intestinal, et
par une constipation, causée par une abondance
de sueur, sécrétée aux dépens de l'excrétion
alvine, cédera à l'emploi des boissons rafraî-
chissantes, des minoratifs, des décoctions mucilagineuses, et des demi-lavemens, de peur d'augmenter l'irritation, déjà trop grande, du rectum.
Si le ténesme se prolonge, les toniques et les
potions opiacées devront être préférés.

XVII. On évitera aussi, aux pays chauds, de
placer le quinquina toutes les fois qu'on observera la peau sèche et privée de ses excrétions :
une soif ardente, la langue aride, la dispnée,
la dysurie ou les urines briquetées, âcres et brû-
lantes au passage, la constipation, le météorisme
du bas-ventre, etc., doivent aussi l'interdire.

XVIII. Les nouveaux débarqués se préserve-
ront le plus souvent des diarrhées qu'on regarde
endémiques aux colonies, en usant modérément
de fruits et de boissons spiritueuses, et en se pri-
vant de toutes crudités qui les engendrent.

XIX. Enfin, les personnes dartreuses éviteront
la maladie du pays, en ayant soin de ne pas se faire
guérir de leurs affections cutanées avant d'être
acclimatées à la faveur de cet exutoire naturel.

ORDRE CINQUIEME.

GESTA.

Cette classe renferme les actions volontaires des muscles et des organes, les veilles, le sommeil, le mouvement et le repos.

———

Promenades. I. On se détournera, dans les promenades, des lieux bas et fangeux, des bords de la mer, des campagnes humides et abreuvées par des eaux stagnantes.

II. On se méfiera des promenades nocturnes près des endroits marécageux, l'air plus froid de la nuit rapprochant les émananations délétères, au lieu de les tenir en suspension dans une quantité immense du fluide.

Sommeil. III. On évitera de dormir. En pareille occasion, la suspension de l'action vitale favorisant l'absorption des miasmes, on se levera de bonne heure ; l'air du matin fortifie les nerfs, et peut en quelque sorte remplacer le bain froid. Les adultes ne doivent dormir que sept heures, et les enfans au contraire autant qu'ils le veulent.

Ne point interdire la méridienne dans les climats chauds à ceux qui en ont l'habitude, particulièrement aux enfans, aux femmes et aux gens de lettres, dont le système nerveux est irritable et a besoin d'être adouci par un repos réparateur.

IV. Prendre un exercice convenable, le mou- Mouvement. vement modéré stimulant les fonctions du tissu cutané par une douce transpiration, prévenant le relâchement des solides et l'engorgement des glandes, tandis qu'un mouvement violent provoque une exhalation surabondante, excite une diminution dans la sécrétion de la graisse, consomme les liquides, dessèche les solides, et dispose aux maladies inflammatoires.

V. Chercher dans l'escrime, l'équitation, la chasse, etc., un exercice salutaire et fortifiant s'il est pris avec modération; car la fatigue détruit les avantages d'un exercice modéré, et affaiblit le corps au lieu de le fortifier.

VI. Le changement de position et l'exercice en plein air sont particulièrement recommandés aux ouvriers sédentaires qui, en travaillant, compriment les viscères du bas-ventre, et empêchent les mouvemens des poumons; tels sont les tailleurs, cordonniers, couturières, hommes de cabinet, etc. . . . . . .

VII. Se livrer à la course, s'il n'y a point de disposition à l'hémoptysie; alors cet exercice, en augmentant la force musculaire, favorise le jeu des viscères. On se trouve plus léger, les facultés intellectuelles plus libres, l'appétit mieux prononcé.

VIII. Se priver de la walse en cas d'affection nerveuse, ce genre de danse produisant, par le tournoiement plus ou moins régulier qu'elle nécessite, des vertiges, des nausées, des syncopes et autres accidens causés par l'irritabilité nerveuse.

IX. Prescrire au contraire la danse aux personnes des deux sexes, douées d'un tempérament lymphatique, et particulièrement aux jeunes personnes mal réglées.

X. Recommander la natation aux individus d'une constitution faible, et disposés, par leur conformation, aux maladies de poitrine ; ce genre d'exercice mettant en action toutes les parties du corps, en développe la vigueur.

XI. Monter à cheval régulièrement pour conserver la santé, mais renoncer à cet exercice, en cas de maladies de vessie, s'il y a hernie ou anévrisme.

Le repos. XII. Observer de prendre du repos après le repas, afin de ne point troubler le travail de la digestion ; éviter, par la même raison, le travail de l'étude et celui de l'amour.

XIII. Se livrer au sommeil sans excès et après un certain exercice ; car, aux colonies surtout, autant, pris modérément, il détourne les maladies inflammatoires et devient réparateur, autant, lorsqu'il est prolongé, il cause des engourdissemens ; il ralentit les fonctions organiques, la circulation et les autres sécrétions et excrétions, au point de réduire à l'inertie, à la stupidité, et de prédisposer à l'adynamie, une des causes de la fièvre jaune.

XIV. Redouter les suites des veilles trop long-temps prolongées ; elles produisent la subversion des fonctions organiques, l'affaiblissement des systèmes nerveux, des facultés intellectuelles, et disposent aux maladies inflammatoires. Veilles.

XV. Dès qu'on éprouve aux colonies une prostration de forces, il faut de suite chercher à en découvrir la cause, et ne point regarder comme simple indisposition les symptômes souvent perfides d'une maladie grave. Le repos, la diète et les délayans détournent le plus souvent un orage dont les suites seraient funestes sans cette précaution. La médecine expectante serait dans ce cas une sécurité dangereuse.

ORDRE SIXIEME.

PERCEPTA.

Ce mot désigne les fonctions dépendantes des nerfs de la vie animale, les sensations, les affections de l'âme, les fonctions intellectuelles.

I. Les hommes de cabinet modéreront l'assiduité de leurs travaux ; ils chercheront du repos et du délassement dans des amusemens propres à les distraire du sérieux dë leurs occupations.

II. Ils prendront fréquemment de l'exercice en plein air, et ils éviteront les excès de tout genre.

III. Ils reposeront leur imagination en se trouvant au milieu des sociétés où préside la gaieté ; ce contraste est nécessaire pour remonter, si je puis m'exprimer ainsi, les ressorts de leur imagination.

IV. Ils fréquenteront les spectacles, ils chercheront dans les concerts une distraction salutaire qui produira en eux une rénovation d'idées due à la diversion des occupations, et au pouvoir inspirateur de la musique (1).

---

(1) « Souvent, dit Gresset dans son discours sur la « musique, l'harmonie enchanta les maux et suspendit la

V. Ils se livreront à des exercices de gymnas-tique qui puissent délasser l'esprit en activant les fonctions mécaniques du corps ; c'est pour-quoi la chasse, l'équitation, le billard, les pro-menades sur l'eau leur seront avantageuses. Ce dernier moyen, fortement recommandé par Tissot, désobstrue les viscères engorgés, réta-blit la transpiration, fait couler la bile, et favo-rise toutes les autres sécrétions.

VI. Toute affection pénible de l'âme deve-nant cause débilitante propre à porter le trouble dans les fonctions organiques, on s'attachera à combattre et à réprimer les désordres où pour-rait jeter l'influence des passions. C'est pourquoi le général d'armée et le médecin, en cachant l'un à son soldat, l'autre à son malade, le dan-ger auquel l'un et l'autre sont exposés, tâcheront d'effacer de leur mémoire les vives impressions qu'y établit l'inquiétude, et dont une politique nécessaire doit détourner la fatale influence sur les organes intellectuels.

VII. Les nouveaux débarqués préviendront Pothopatri-dalgie.

« douleur, mais sa puissance salutaire fut toujours plus
« marquée encore sur les douleurs profondes de l'esprit;
« seule elle connaît les chemins du cœur; seule elle sait
« endormir les chagrins importuns, assoupir les noirs
« soucis, éclaircir les nuages de la sombre mélancolie. »

l'influence redoutable de la nostalgie, ou *maladie du pays*, en récréant leur imagination crain-
tive et alarmée par l'incertitude d'un heureux
avenir. On les guérira plus sûrement en ne s'opposant point à leurs désirs.

Les militaires de l'expédition du général Leclerc à Saint-Domingue qui ont succombé à la
fièvre jaune, furent atteints, en arrivant, du
regret d'avoir quitté leur patrie, par la crainte
de l'horrible épidémie qui régnait alors, plus
encore que par celle des dangers qu'ils avaient à
courir au milieu des nègres révoltés qui massa-
craient leurs prisonniers après les avoir livrés
aux supplices les plus atroces. Plusieurs d'eux
furent guéris soudain en leur annonçant leur
prochain départ pour l'Europe.

VIII. Les nouveaux arrivés éviteront l'excès
débilitant des plaisirs de l'amour s'ils veulent s'ac-
climater. Les sacrifices immodérés en amour
sont promptement mortels, en jetant l'économie
dans le *collapsus*.

IX. Les passions ayant une influence directe
sur les maladies et sur les guérisons, ils éviteront
avec soin les mouvemens de colère, la peur, le
chagrin, qui troublent toutes les fonctions animales, et causent des maladies aiguës souvent
mortelles. 2º. Le ressentiment, autre passion
débilitante qui donne naissance à des maladies

chroniques toujours dangereuses. 3°. La peur de la contagion dont l'influence a produit tant de victimes pendant la fièvre jaune de Saint-Domingue, en 1802, que la police fit interdire le son des cloches, les salves de mousqueterie, et les chants funéraires, rendus plus lugubres par le roulement sourd et fatal qui annonçait le trépas, pour calmer l'inquiétude dévorante des moribonds douloureusement tourmentés par la crainte de la mort.

X. Les médecins auront soin de ne point prononcer sur le sort du malade, dont l'imagination est sans cesse alarmée, et qui sait lire son arrêt sur le visage des assistans, ou juge de son danger d'après leur contenance.

XI. L'amour, considéré comme érotomanie, entraîne des suites funestes. On détournera de cette passion l'être trop sensible, prêt à en devenir la victime, par des voyages, de la dissipation, de la musique. Mais, hélas! souvent ces soins deviendront infructueux, si le malade indocile refuse opiniâtrement les conseils de l'amitié et de l'humanité.

SECONDE SECTION.

Police hygiénique à observer dans les hôpitaux des colonies et dans la société.

I. N'admettre dans chaque salle que deux rangées de lits dont les rideaux seront toujours ouverts, afin de protéger la libre circulation de l'air, et y exposer les draps dès que le malade en sera sorti, avant de refaire la couverture du lit.

II. Exiger la plus grande propreté du linge, afin de prévenir et d'éviter les affections cutanées qui en sont la conséquence.

III. Surveiller les infirmiers nègres qui manquent de soins, de vigilance, et d'exactitude, et qui, trop souvent, par une routine meurtrière, se permettent d'administrer de leur chef, aux malades, des alimens, boissons et des médicamens quelquefois très-contraires, ou même funestes à leur état.

IV. Fixer la quantité d'infirmiers noirs à un par dix malades.

V. Les fournisseurs ne doivent pas prescrire eux-mêmes les fournitures ; il serait à propos aussi d'éviter les liaisons d'intérêt entre les fournisseurs, les administrateurs et les médecins,

chirurgiens, et pharmaciens, ou les abus se multi-
plieront toujours; on en devine aisément la cause.

VI. Ne point confier la distribution des remèdes à des nègres ignorans dont les erreurs,
même involontaires, peuvent être mortelles.

VII. Ne point varier l'heure des distributions,
de peur de causer l'inanition des convalescens.

VIII. En raison de la nature du climat, où la
maladie change promptement de caractère, les
visites des médecins doivent se faire deux et
même trois fois le jour, d'après l'urgence des
cas. Car peut-on prononcer sur le sort d'un malade en danger d'après le rapport d'un infirmier?
Que deviendra le moribond avec cette sécurité
funeste et inhumaine? Augmenter en ce cas les
émolumens des médecins, chirurgiens, et infirmiers.

IX. Exiger du médecin européen deux ans de
pratique dans un hôpital de la colonie, avant de
parvenir à la place de médecin en chef. Le même
réglement serait applicable aux officiers de santé
qui se proposent de s'établir dans la colonie, où
les maladies ne se traitent point comme en Europe, et qui devront être préalablement exami-
nés par un juri médical qui déciderait de leur
capacité.

X. Eloigner le cimetière des hôpitaux, autant
pour les garantir des émanations morbifères,

que pour en ôter la vue aux malades et convalescens péniblement affectés et inquiets de leur sort futur.

XI. Surveiller l'exactitude des inhumations, exécutées par les noirs, qui souvent les font imparfaites par nonchalance.

Enfans. XII. Employer régulièrement, surtout dans la saison pluvieuse, les vermifuges pour les enfans à peine sevrés, afin de les garantir des convulsions qui sont presque toujours mortelles. La présence des vers complique toujours leurs maladies dans les pays chauds.

XIII. L'expérience a prouvé qu'on élevait difficilement les enfans dans les colonies, et qu'on était obligé de les envoyer en Europe afin de changer le régime de leur existence. Ce qui les fait languir aux colonies a pour première cause la faible complexion des mères; leur abusive liberté; la manie de leur laisser nu le corps exposé aux intempéries de l'air; celle de les baigner à toute heure de la journée, soit en sueur, soit pendant leur digestion; aussi cette pratique irréfléchie interceptant la transpiration, donne-t-elle naissance aux affections cutanées, aux fièvres suivies d'obstructions, et surtout aux maladies vermineuses que l'usage immodéré des fruits détermine.

XIV. Conseiller aux mères d'élever elles-mêmes leurs enfans pour prévenir les abus sans nombre qui ont lieu en les confiant à des nourrices étrangères. L'allaitement n'est pas le seul but qu'on se propose dans l'éducation des enfans.

XV. Ne point écouter les raisonnemens absurdes des bonnes femmes qui prétendent qu'on doit abandonner à la nature le soin de la guérison des maladies chez les enfans, ayant elles-mêmes l'audace de prescrire un traitement aventuré qui devient presque toujours fatal.

XVI. L'expérience a prouvé que les maladies d'un enfant docile sont faciles à guérir, en raison du pouvoir d'une nature riche en moyens à cet âge. On doit donc réprimer leurs caprices, et tromper adroitement leur aversion pour les médicamens lorsqu'il est indispensable de les ordonner, surtout pour détourner l'influence des maladies héréditaires.

XVII. S'opposer pour le bien de la postérité à l'alliance d'une phthisique, qui, en portant la contagion, donnera pour héritage à ses enfans des infirmités et d'autres maladies que les remèdes souvent ne peuvent guérir.

XVIII. Imiter les usages consacrés aux colonies pour élever les enfans en liberté et sans langes ni maillots, qui, sous un climat chaud, peuvent déterminer des convulsions en contrariant le mouvement de la respiration.

XIX. Supprimer la bouillie et le moussa aux enfans, comme la plus mauvaise nourriture qu'on puisse leur offrir, et les alimenter de préférence avec des soupes légères, des panades, de la crème de riz au lait : on ne doit leur donner de la viande que lorsqu'ils ont des dents pour la broyer.

XX. Les alimens salés, séchés, fumés, les viandes grasses, les bouillons consommés sont contraires aux enfans.

XXI. Comme c'est de la santé des pères et mères que dépend souvent celle des enfans, indiquer aux premiers tous les moyens capables de fortifier leur constitution.

XXII. Il faut que les salles d'un hôpital soient proportionnées, pour la grandeur et l'espace, au nombre des malades qui y sont introduits, afin que la dépense de l'air atmosphérique soit relative au besoin de chacun, que l'état morbifique rend plus susceptible des impressions extérieures.

XXIII. Les moyens de propreté consistent, d'après l'arrêté de MM. Coste, Heurteloup, Percy, Desgenettes, Larrey, et Parmentier, inspecteurs-généraux du service de santé des armées de France, en date du 1er. vendémiaire an 13,

A laver les mains et les pieds de ceux qui arrivent à l'hôpital ;

XXIV. A nettoyer souvent les vases destinés
à tous les usages ;

XXV. A porter au grenier le linge sale, et à
le tenir étendu sur des perches jusqu'à l'instant
où il doit être mis à la lessive, en observant de
ne point laisser séjourner dans les salles, et de
plonger dans l'eau jusqu'à la même époque, celui
qui a servi aux pansemens ;

XXVI. A envoyer, au moins une fois chaque
année, au foulon, les capotes et couvertures de
laine, sans être dispensé de les battre, de les vergeter, de les fumiger très-souvent ;

XXVII. A rebattre, à carder les laines des
matelas ; à lessiver leurs toiles, ainsi que celles
des paillasses tous les six mois ; à renouveler
souvent la paille des lits ;

XXVIII. A peindre, à vernir intérieurement
et extérieurement les baignoires en bois ;

XXIX. A arroser les planchers des salles avec
de l'eau mêlée de vinaigre, et à les balayer tous
les jours ; à laver le carreau avec des éponges,
et à le sécher aussitôt avec de la sciure de bois
pour éviter les inconvéniens de la trop grande
humidité ;

XXX. A blanchir, au moins une fois l'année,
les murs et les plafonds des salles avec un lait de

chaux ; à laver les bois de lits et des croisées , les
tables , les planchers mêmes , avec de l'eau de
chaux , ou au moins avec une forte lessive alkaline ;

XXXI. A fournir aux malades des crachoirs ,
ayant la précaution de changer tous les jours les
draps qui en tiendraient lieu ;

XXXII. A pourvoir les lampes de conducteurs
destinés à transmettre la fumée au dehors ;

XXXIII. A avoir soin que les lits soient espacés d'après le volume d'air reconnu nécessaire à chaque individu ; et qu'il n'y ait jamais
trois rangées de lits dans une salle , quelle que
soit sa largeur, pour ne pas gêner la circulation
de l'air.

XXXIV. A fournir abondamment les malades
de chaises percées pour remplacer celles enlevées
à mesure des besoins ; en n'en plaçant toutefois
qu'auprès de ceux affectés gravement ; en y tenant
toujours de l'eau , et lavant exactement leurs siè-
ges, recouverts extérieurement et intérieurement
d'une forte couche à l'huile siccative , ou mieux
goudronnés ;

XXXV. A placer les latrines le plus avantageusement qu'il se pourra , afin que leur odeur
n'incommode point les malades ; à en laver tous
les jours les siéges , les pavés , et à les établir ,
s'il est possible , sur un courant d'eau , ayant

A laver les mains et les pieds de ceux qui arrivent à l'hôpital ;

XXIV. A nettoyer souvent les vases destinés à tous les usages ;

XXV. A porter au grenier le linge sale, et à le tenir étendu sur des perches jusqu'à l'instant où il doit être mis à la lessive, en observant de ne point laisser séjourner dans les salles, et de plonger dans l'eau jusqu'à la même époque, celui qui a servi aux pansemens ;

XXVI. A envoyer, au moins une fois chaque année, au foulon, les capotes et couvertures de laine, sans être dispensé de les battre, de les vergeter, de les fumiger très-souvent ;

XXVII. A rebattre, à carder les laines des matelas ; à lessiver leurs toiles, ainsi que celles des paillasses tous les six mois ; à renouveler souvent la paille des lits ;

XXVIII. A peindre, à vernir intérieurement et extérieurement les baignoires en bois ;

XXIX. A arroser les planchers des salles avec de l'eau mêlée de vinaigre, et à les balayer tous les jours ; à laver le carreau avec des éponges, et à le sécher aussitôt avec de la sciure de bois pour éviter les inconvéniens de la trop grande humidité ;

XXX. A blanchir, au moins une fois l'année, les murs et les plafonds des salles avec un lait de chaux ; à laver les bois de lits et des croisées, les tables, les planchers mêmes, avec de l'eau de chaux, ou au moins avec une forte lessive alkaline ;

XXXI. A fournir aux malades des crachoirs, ayant la précaution de changer tous les jours les draps qui en tiendraient lieu ;

XXXII. A pourvoir les lampes de conducteurs destinés à transmettre la fumée au dehors ;

XXXIII. A avoir soin que les lits soient espacés d'après le volume d'air reconnu nécessaire à chaque individu ; et qu'il n'y ait jamais trois rangées de lits dans une salle, quelle que soit sa largeur, pour ne pas gêner la circulation de l'air.

XXXIV. A fournir abondamment les malades de chaises percées pour remplacer celles enlevées à mesure des besoins ; en n'en plaçant toutefois qu'auprès de ceux affectés gravement ; en y tenant toujours de l'eau, et lavant exactement leurs siéges, recouverts extérieurement et intérieurement d'une forte couche à l'huile siccative, ou mieux goudronnés ;

XXXV. A placer les latrines le plus avantageusement qu'il se pourra, afin que leur odeur n'incommode point les malades ; à en laver tous les jours les siéges, les pavés, et à les établir, s'il est possible, sur un courant d'eau, ayant assez de chasse pour entraîner continuellement les matières;

XXXVI. A munir les portes des latrines d'un poids qui puisse les tenir toujours fermées;

XXXVII. A faire en sorte qu'il existe entre elles et les salles un vestibule intermédiaire avec des fenêtres transversales et correspondantes, pour renouveler continuellement l'air et intercepter la communication de l'odeur;

XXXVIII. A ouvrir les fenêtres des salles du côté du nord, et fermer celles au midi, dans les temps chauds, surtout lorsqu'il règne un vent du sud, et qu'il se trouve dans le voisinage de l'établissement quelque foyer de putréfaction.

XXXIX. Les seuls moyens mécaniques, destinés pour renouveler l'air, dont on fasse usage aux colonies, sont des ventilateurs dont nous avons donné la description dans la première partie de cet ouvrage; et l'appareil de désinfection de Guyton-Morveau, surtout en cas de maladies contagieuses; mais pour le dernier moyen il faut, comme on le sait, avoir une salle de rechange.

XL. Pour désinfecter l'air, d'après ce procédé, on fait sortir les malades qu'on installe dans une autre salle; on place sur un réchaud, garni d'un bain de sable, une capsule de verre ou de grès, contenant trente-deux grammes (une once) de manganèse, et trois cents grammes de muriate de soude ou sel marin légèrement humecté ; on ferme les croisées , ayant soin de retirer tous les instrumens de fer ; et étalant les matelas, couvertures , et vêtemens , on allume le feu ; dès que la capsule est échauffée , on verse sur le sel marin cent cinquante grammes d'acide sulfurique à 66° ; on se retire , et on ferme la porte.

Douze heures après, on entre dans la salle , on ouvre les fenêtres ; il s'établit un courant d'air qui emporte le reste du gaz muriatique , et la salle est sanifiée ; elle peut servir alors de salle de rechange.

XLI. Empêcher aux convalescens de sortir de l'hôpital, de peur de communiquer la contagion s'il existe dans l'intérieur de l'établissement des maladies de mauvais caractère.

XLII. Les médecins et chirurgiens peuvent être aidés , dans les opérations , par des nègres; mais ceux-ci ne pourront ni saigner, ni faire aucun pansement, à moins qu'ils n'aient fait preuve de capacité (1).

XLIII. Il doit toujours y avoir un médecin pour quarante malades, et au moins quatre élèves qui ne seront reçus qu'après un mûr examen.

---

(1) Extrait du réglement adopté pour l'hôpital du Cap Français, le premier septembre 1787.

XLIV. Les visites du médecin et du chirurgien se feront le matin et quelquefois le soir, s'il y a urgence. En cas de déplacement, les frais de voiture sont ordinairement payés par l'état.

XLV. Les matelots malades transportés à l'hôpital seront sous la surveillance immédiate des médecin et chirurgien de cet établissement. Les médecins du bord qui viendraient les visiter ne pourront rien leur prescrire, et devront se borner aux observations qu'ils croiront nécessaires.

XLVI. Un sous-officier, dans les hôpitaux militaires, devra assister à la pesée de la viande et au service de la cuisine. Il sera présent à la distribution, et aura la clef du cadenat de la chaudière auprès de laquelle sera placée une sentinelle.

XLVII. Il sera dressé, chaque semaine, un état des malades, sur lequel on indiquera la nature des maladies dominantes, et les moyens curatifs qui ont été employés. Ces états seront signés par le médecin et le chirurgien.

XLVIII. Le commis chargé de faire, d'après les cahiers de visites, les états d'hôpitaux, donnera des reçus des sacs des militaires, et autres malades, après que l'examen en aura été fait par qui de droit.

XLIX. Le commissaire des guerres ou de la marine retirera les armes et les hardes des soldats,

matelots et autres, et en donnera un reçu. L'hôpital les tiendra en dépôt jusqu'à la remise du
récépissé.

L. Les lits d'officiers auront un matelas, une
paillasse de feuilles de maïs, une couverture de
laine ou de coton, un traversin et un oreiller de
plumes d'oies, et des draps de toile blanche qu'on
changera tous les huit jours, ou plus souvent si
le cas le requiert.

LI. On leur distribuera des serviettes tous les
deux jours, une chandelle des six à la livre, et
des lampes de nuit, s'il est nécessaire.

LII. On pourra mettre plusieurs officiers dans
le même appartement, et ils seront tenus de se
fournir de linge de corps.

LIII. Les officiers auront un domestique blanc
par quatre, ou un noir par trois, sauf à augmenter en cas de nécessité. Si un officier prend
un domestique à lui, ce domestique sera à ses
frais.

LIV. La ration du matelot, ou soldat, ou
entretenu, sera par jour de vingt-six onces de
viande de boucherie de bonne qualité; vingt
onces de pain blanc frais et bien cuit; plus une
chopine de vin.

LV. Pour varier, on donnera une forte vo-
laille pour quatre rations et demie de viande, et
du vin blanc au lieu de rouge quand le médecin

et le chirurgien n'y trouveront pas d'inconvénient.

LVI. Tous les jours, à sept heures du matin,
on portera dans les infirmeries un bouillon maigre
aux herbes fait au beurre ou à la mantègue. A
dix heures on distribuera le bouillon gras, la
viande et le vin.

A six heures, pour le souper, les malades
tailleront eux - mêmes leur soupe dans leurs
écuelles; d'autres auront des œufs, des bananes,
du riz, des pruneaux, des confitures du pays,
et autres choses réglées par le médecin et le chirurgien.

LVII. Il est défendu de rien réserver pour le
lendemain, soit bouillon, soit viande quelconque.

LVIII. On pourra substituer le bouillon maigre
au gras, si MM. les médecins ou chirurgiens le
jugent convenable, en y joignant les purées,
les légumes, les panades, le riz, le gruau, le
lait, les œufs, les confitures, et l'on diminuera
d'autant la viande.

LIX. Chaque soldat malade sera couché seul;
il aura sur une couchette un matelas de crin ou
de barbe espagnole, une paillasse, un traversin
de paille de mil, maïs, ou bananier; une couverture de laine ou de coton. Il sera permis d'employer des hamacs ou des plians.

LX. Il doit y avoir trois paires de draps, six
chemises, et six bonnets de toile pour chaque

lit. La vaisselle sera de fer blanc. Il y aura des chaises percées, et autres usteusiles à l'usage des malades.

LXI. Il y aura un infirmier blanc de ronde pendant la nuit, et un nègre qui veillera pour vingt-cinq malades.

LXII. Les portes de l'hôpital seront fermées pendant la nuit, et ne pourront être ouvertes avant le matin, sans l'ordre des chefs.

LXIII. On fait imprimer les billets d'entrée et de sortie, les états et les extraits mortuaires.

LXIV. Le commis signe les états ; les registres mortuaires doivent être tenus avec soin, et tous les six mois on en donne une copie certifiée et visée par le commissaire de la marine. Elle est remise au contrôleur de la marine, qui l'envoie au ministre pour le dépôt de Versailles. Le registre d'entrée est paraphé par le commissaire de la marine, et les états seront vérifiés et arrêtés par un commissaire, chaque mois, et ordonnancés par l'intendant ou l'ordonnateur.

Nous avons cru, d'après divers réglemens des hôpitaux, devoir donner ces détails minutieux pour les faire connaître aux jeunes chirurgiens destinés à passer aux colonies, et à y être à la tête d'établissemens publics ou particuliers. Cette lecture leur évitera des recherches, ou l'acquisition de beaucoup d'ouvages que, souvent, ils ne pourraient se procurer.

TROISIÈME SECTION.

Formulaire pharmaceutique des colonies, établi d'après celui adopté en France dans les hôpitaux militaires, ou *Liste des objets et concordance des médicamens simples et composés qui doivent faire partie d'une pharmacie domestique à établir sur chaque habitation, pour subvenir aux premiers besoins.*

Ustensiles.

Un mortier de marbre et son pilon de bois de gayac ;
Un de verre ;
Un de fonte ;
Une presse pour les jus d'herbes, etc. ;
Une boîte contenant des poids et des balances assortis ;
Un trébuchet garni ;
Des spatules en fer de diverses grandeurs,
— En ivoire ou en écaille,
— En bois dur ;
De l'étoffe, appelée étamine, pour les filtrations ;
Des entonnoirs de verre de diverses capacités ;
Des tamis de crin, d'étamine ;
L'appareil de désinfection de Guyton-Morveau ;
Celui contre l'asphixie, du professeur Chaussier ;
Du linge pour les pansemens ;
De la charpie ;
Une trousse pour les pansemens ;
Des bouteilles de toutes formes ;
Des flacons bouchant à l'émeri.

Racines.

De salsepareille. . . . . - . . . . . *deux livres.*
De sassafras. . . . . *idem.*
De scille. . . . . *une livre.*
De squine.. . . . . *deux livres.*

Bois.

De gayac râpé. . . . . *deux livres.*

Ecorces.

De canelle entière. . . . . *une livre.*
— En poudre. . . . . *huit onces.*
De citron. . . . . *huit onces.*
D'orange. . . . . *idem.*
De quinquina entier. . . . . *deux livres.*
— En poudre. . . . . *quatre onces.*
De grenades. . . . . *quatre onces.*

Feuilles.

D'absinthe. . . . . ⎫
De capillaire indigène.. . . . . . . ⎪
De guimauve.. . . . . ⎬ *de chaque une livre.*
De menthe. . . . . ⎪
De tabac. . . . . ⎪
De treffle d'eau, etc. . . . . ⎭

Fleurs.

De gombo. . . . . , . . ⎫
De martinia. . . . . ⎪
De guimauve satinée. . . . . ⎬ *de chaque une livre.*
De centaurée.. . . . . ⎪
De poincillade. . . . . ⎪
De dentelaire, etc. . . . . ⎭

Semences.

D'anis. . . . .
De coriandre. . . . .
De fenouil. . . . .
De lin. . . . . ⎱ *de chaque une livre.*
D'ooli. . . . .
De moutarde. . . . .
De semen contra. . . . .

Fruits.

Amandes douces. . . . .
Bourgeons de sapin du pays. . . ⎱ *de chaque une livre.*
Tamarins récens. . . . .
Têtes de pavots. . . . .

Excroissances.

Agaric de chêne. . . . . *huit onces.*

Espèces du pays.

E. amères. . . . .
E. aromatiques. . . . .
E. apéritives. . . . .
E. émollientes. . . . .
E. pectorales. . . . .
E. sudorifiques. . . . . ⎱ *de chaque une livre.*
E. vulnéraires. . . . .
E. astringentes. . . . . *Nota.* Ci-après voyez
E. apéritives. . . . . l'indication des plantes
E. anthelmintiques. . . . . qui constituent les es-
pèces.

Sucs concrets sucrés.

Manne. . . . . *cinq livres.*

Gommes, gommes-résines et résines.

Gomme arabique. . . . . *une livre.*
— en poudre. . . . . *quatre onces.*
Gomme adragant. . . . . *une livre.*
— en poudre. . . . . *quatre onces.*
Aloës. . . . . *quatre onces.*
Gomme ammoniaque. . . . . *huit onces.*
Colophane. . . . . *une livre.*
Myrrhe. . . . . *une livre.*
Poix blanche. . . . . *une livre.*
— noire. . . . . *idem.*
— résine. . . . . *idem.*
Sagapénum. . . . . *quatre onces.*
Scammonée en poudre. . . . . *quatre onces.*

Baumes naturels

De Copahu. . . . . *une livre.*
Styrax liquide. . . . . *une livre.*
Térébenthine. . . . . *deux livres.*

Huiles fixes.

Cire jaune. . . . . *quatre livres.*

Huiles volatiles ou essentielles.

Camphre. . . . . *une livre.*
Huile de térébenthine. . . . . *deux livres.*

Substances maritimes.

Éponges fines. . . . . *quatre onces,*
E. préparées à l'eau. . . . . *deux onces.*
E. préparées à la cire. . . . . *deux onces*
Mousse de Corse. . . . . *huit onces.*

Substances animales.

Cantharides. . . . . *deux livres.*
— en poudre. . . . . *une livre.*
Corne de cerf râpée. . . . . *huit onces.*
— calcinée. . . . . *huit onces.*
Sangsues. . . . . n°. 72.

Substances minérales.

Antimoine cru. . . . . *une livre.*
— porphyrisé. . . . . *huit onces.*
Limaille de fer porphyrisée. . . . . . . *une livre.*
— d'étain. . . . . *idem.*
Manganèse. . . . . *deux livres.*
Mercure. . . . . *quatre livres.*

MÉDICAMENS COMPOSÉS.

Sirops.

Simple ou de batterie. . . . . . ⎫
De capillaire. . . . . ⎪
De guimauve. . . . . ⎪
De Gombo. . . . . ⎪
De Karatas. . . . . ⎬ *une livre*
De Noirprun. . . . . ⎪ *de chaque espèce.*
De diacode. . . . . ⎪
Tartareux. . . . . ⎪
De Cuisinier. . . . . ⎭

Miels.

Rosat. . . . . ⎫
Oxymel simple. . . . . ⎬ *une livre*
— scillitique. . . . . ⎭ *de chaque espèce.*

Vinaigres composés.

Vinaigre ou extrait de saturne. . . . . . . *deux livres.*
— scillitique. . . . . *deux livres.*

Poudres composées.

P. anthelmintique. . . . . *une livre.*
P. cathartique. . . . . *une livre.*
P. tempérante. . . . . *une livre.*
P. absorbante nitrée. . . . . *huit onces.*

Electuaires et conserves.

Diascordium. . . . . *une livre.*
Thériaque de Venise. . . . . *idem.*
Conserve de roses rouges. . . . . *idem.*
— de goyavier. . . . . *une livre.*

Pilules.

P. de cynoglosse. . . . . *huit onces.*
P. mercurielles. . . . . *une livre.*
P. de savon. . . . . *idem.*
P. scillitiques. . . . . *idem.*

Trochisques.

De minium. . . . . *quatre onces.*

Extraits.

E. amer. . . . . *une livre.*
E. de cachou. . . . . *idem.*
E. de ciguë. . . . . *huit onces.*
E. de gentiane. . . . . *idem.*
E. de genièvre. . . . . *une livre.*
Opium brut . . . . *quatre onces.*
Extrait d'opium. . . . . *idem.*

Onguens.

O. antipsorique. . . . . *deux livres.*

O. d'arcœus ou baume. . . . . *idem.*

O. basilicum ou suppuratif. . . . . *idem.*

Cérat. . . . . *(à préparer de suite.)*

O. de la mère. . . . . *une livre.*

O. mercuriel. . . . . *deux livres.*

O. populeum.. . . . . *une livre.*

O. de styrax. . . . . *idem.*

Emplâtres.

E. agglutinatif. . . . . *une livre.*

E. diachilon gommé. . . . . *idem.*

E. de ciguë. . . . . *idem.*

E. mercuriel de Vigo. . . } *à préparer sur-le-champ.*
Savon camphré. . . . . . }

Vésicatoires. . . . . *une livre.*

Bougies emplastiques. . . . . n°. 20.

Sondes élastiques. . . . . n°. 10.

Sondes à mandrin. . . . . n°. 6.

Sparadrap. . . . . *huit onces.*

MÉDICAMENS CHIMIQUES.

Teintures.

T. de canelle. . . . . *huit onces.*

T. de cantharides. . . . . *idem.*

T. de myrrhe et d'aloës. . . . . *idem.*

T. de quinquina. . . . . *deux livres.*

Laudanum liquide. . . . . *idem.*

T. de raifort composée. . . . . *une livre.*

T. de gentiane. . . . . *une livre.*

T. d'absinthe. . . . . *une livre.*

Baumes artificiels.

B. du commandeur. . . . . *une livre.*
B. de Fioraventi. . . . . *idem.*

Alcools purs et aromatisés.

Alcool de vin (esprit de vin). . . . . . *deux livres.*
A. de mélisse (*vulg.* eau de mélisse). . . *idem.*
A. vulnéraire. . . . . *idem.*
A. de cochléaria (*vulg.* esprit de). . . . . *idem.*
A. camphré (*vulg.* eau-de-vie camphrée). *idem.*

Acides.

Acide sulfurique concentré (*vulg.* acide
   vitriolique.. . . . . *deux livres.*
A. nitrique (*vulg.* esprit de nitre). . . . *idem.*
A. n. dulcifié. . . . .(*à préparer sur-le-champ.*)
A. muriatique (esprit de sel).. . . . . . *deux livres.*
A. tartareux. . . . . *huit onces.*

Liqueurs éthérées.

Acide sulfurique alcoolisé (*vulg.* eau de
   Rabel. . . . . (*à préparer de suite.*)
Alcool sulfurique distillé (*vulg.* liqueur
   minérale.) . . . . *une livre.*

Sels et autres préparations chimiques.

Acétite de plomb cristallisé (sel de Sa-
   turne). . . . . *huit onces.*
Muriate d'antimoine (beurre d'antimoine). *quatre onces.*
Muriate d'ammoniaque (sel ammoniac). *quatre onces.*

Carbonate de magnésie. . . . . *quatre onces.*
Muriate de mercure doux. . . . . *deux onces.*
Muriate de mercure suroxigéné (sublimé
corrosif). . . . . *deux onces.*
Nitrate d'argent fondu (pierre infernale). *une once.*
Nitrate de mercure liquide (dissolution
mercurielle). . . . . *une livre.*
Nitrate de potasse (sel de nitre). . . . . *deux livres.*
Oxide d'antimoine hydro - sulfuré rouge
(kermès minéral). . . . . *quatre onces.*
Oxide de mercure rouge (précipité rouge). *deux onces.*
Oxide jaune de fer (safran de mars
apéritif). . . . . *quatre onces.*
Oxide noir de fer (æthiops martial). . . *idem.*
— demi-vitreux (litharge). . . . . *quatre livres.*
Sulfate d'alumine (alun). . . . . *deux livres.*
— calciné. . . . . *huit onces.*
— de cuivre (vitriol bleu). . . . . *quatre onces.*
— de fer (vitriol vert). . . . . *quatre onces.*
— de zinc (vitriol blanc). . . . . *idem.*
— de magnésie (sel d'Epsom). . . . . . *deux livres.*
— de soude (sel de Glauber). . . . . . . *idem.*
Sulfure noir de mercure (æthiops mi-
néral. . . . . , ... *quatre onces.*
Tartrite acidulé de potasse (crème de
tartre). . . . . *quatre livres.*
— de fer solide (boule de mars). . . . . *quatre onces.*
— antimonié de potasse (émétique). . . *une livre.*
Savon médicinal. . . . . *une livre.*
Soufre sublimé. . . . . *cinq livres.*

Alcalis fixes et volatils.

Carbonate de potasse pur (*vulg.* alcali fixe). . . . . *deux livres.*

Potasse caustique (*vulg.* pierre à cautère). *deux onces.*

Carbonate de soude (sel de soude). . . *quatre onces.*

Carbonate d'ammoniaque (alcali volatil concret. . . . . *huit onces.*

Ammoniaque caustique (alcali volatil fluor). . . . . *huit onces.*

SUITE DE L'ARRÊTÉ

DU COMITÉ DE SANTÉ

POUR

LA POLICE INTÉRIEURE DES HOPITAUX.

OBSERVATIONS

SUR

LA CONSERVATION DES MÉDICAMENS OFFICINAUX.

1°. Le pharmacien tiendra les feuilles, les fleurs, les fruits, les racines, les poudres, exactement renfermés dans des boîtes, des bocaux ou des pots tarés, étiquetés et placés dans un lieu sec.

Toutes ces substances attireraient ailleurs l'humidité de l'air, elles se moisiraient et se gâteraient en peu de temps.

2°. Il conservera à la cave, dans des tonneaux, cruches ou bouteilles, ces vaisseaux étant bien bouchés et bien pleins, toutes les huiles, débarrassées par la filtration du muqueux qu'elles avaient entraîné avec elles.

L'action de l'air et de la chaleur, et la présence de ce muqueux les rancissent facilement.

3°. Il mettra les eaux distillées simples dans des bouteilles bouchées en papier ou parchemin, et non exposées au grand jour.

L'action de la lumière fait naître dans ces eaux une végétation verdâtre, et les bouchons de liége, humectés par l'eau en évaporation, prennent et communiquent aux eaux une odeur de moisi.

4°. Il placera les sucs acides et vineux dans un endroit froid ; les bouteilles des premiers, droites et recouvertes d'une couche d'huile ; les autres, couchées et fermées par de bons bouchons de liége.

Ces deux espèces de sucs, sans ces précautions, s'altéreraient en peu de temps.

5°. Il prendra des flacons bouchés en cristal pour contenir les alcools, les teintures, les liqueurs éthérées et celles qui contiennent des gaz, à cause de leur disposition à perdre par l'évaporation ce qu'elles ont de plus subtil.

6°. Il gardera dans un lieu froid et non humide les bouteilles parfaitement remplies des sirops et des miels.

L'humidité les détruirait, les ferait moisir ; la chaleur les ferait fermenter, et le gaz qui se développerait alors, trop retenu par les bouchons de liége, briserait les vases.

7°. Il choisira, pour les conserves, les extraits,

les électuaires et les pilules, des pots de faïence qu'il couvrira de parchemin et de papier, et qu'il logera à l'abri de l'humidité ; qu'il visitera de temps en temps pour les réparer au besoin.

8°. Il garantira, autant qu'il lui sera possible, les graisses, les cérats, les onguens, les emplâtres, de l'impression de l'air atmosphérique, qui altère leur couleur, détermine leur prompte oxigénation, et change leurs propriétés.

9°. Il emploiera des flacons bouchés en cristal pour les acides, les alcalis, les dissolutions métalliques, qui rougiraient les bouchons de liége ; pour les sels qui s'effleurissent, pour ceux qui attirent l'humidité, pour la chaux et la magnésie, qui tendent à redevenir des carbonates, etc.

10°. Il couvrira de papier noir les flacons contenant de l'acide muriatique oxigéné, et les oxides métalliques auxquels la lumière enlève de l'oxigène.

OBSERVATIONS

SUR LA CONSERVATION

DES MÉDICAMENS MAGISTRAUX.

1°. Le pharmacien les préparera à mesure du besoin, en se servant de vaisseaux et d'ustensiles appropriés aux opérations dont ils sont les produits, et absolument incapables de rien communiquer de nuisible.

2°. Il exercera ses sens à reconnaître l'état de perfection convenable à chaque médicament, afin de pouvoir, avec justesse, rejeter ceux qui ont subi la moindre altération, surtout celle qui a lieu souvent par un changement subit de l'atmosphère.

3°. Il aura soin que les liquides soient distribués aux malades dans des bouteilles de verre, nettoyées, bouchées et étiquetées convenablement.

Si, par des circonstances particulières, il était obligé de les remplacer par des bouteilles de grès, comme celles-ci se pénètrent et s'infectent facilement, il les fera laver souvent, après les avoir laissé tremper dans l'eau chaude alcaline,

ce qui l'obligera d'avoir de ces bouteilles de rechange.

4°. L'usage des pots de grès sera interdit, parce
qu'ayant une ouverture considérable, couverte
seulement d'une feuille de papier jusqu'au lit des
malades, ces pots se remplissent de mouches et
de poussière;

Parce que ne pouvant passer, comme aux bouteilles, des étiquettes au cou de ces pots, on est
obligé de les ranger dans des carrés, suivant les
numéros des lits, et par conséquent de courir
continuellement les risques de commettre des
erreurs;

Parce qu'enfin, s'il fallait coller des étiquettes
sur chacun des pots, le service ne serait jamais
terminé pour les heures de la distribution des
alimens.

OBSERVATIONS

SUR LES MÉDICAMENS EXTERNES

CONFIÉS AUX ÉLÈVES CHIRURGIENS.

———

Les élèves ne demanderont des emplâtres, des onguens et des huiles, qu'à mesure qu'ils en auront besoin ; ils les rangeront dans les tiroirs des armoires, coffres d'appareil mis à leur disposition ; chaque compartiment, destiné pour un emplâtre, sera étiqueté ; chaque emplâtre y sera enveloppé de papier et étiqueté.

Les onguens seront mis dans des pots de faïence, tenus toujours très-propres.

La même spatule ne servira pour tous les onguens successivement, sans avoir été nettoyée chaque fois.

Ils ne demanderont que la quantité d'alcool camphré nécessaire aux pansemens de chaque jour, et se garderont de le trop faire chauffer.

L'huile d'olive ne servant guère que pour faciliter l'introduction de la sonde, ils éviteront les abus qui augmentent ordinairement la consommation de cette huile.

Le sparadrap sera préparé dans la pharmacie

de chaque hospice , afin qu'il soit chargé convenablement d'emplâtre , et qu'il ne soit pas couvert de poussière.

Ils veilleront à faire nettoyer souvent les vaisseaux contenant les cataplasmes, et à n'employer de ces topiques que la quantité strictement nécessaire ; une trop grande masse de cataplasme gênant souvent et inutilement le malade.

Les pharmaciens ne délivreront ni vin , ni alcool, ni lait, ni huile , ni sucre , ni miel , à moins que ces objets ne soient sous forme de médicament.

Les médicamens demandés pour les pansemens, et qui ne sont pas portés sur les cahiers de visite , ne seront délivrés que sur des bons particuliers, signés par les chirurgiens de service et visés par le chef.

Lorsque des cas urgens et imprévus forceront de délivrer les médicamens sur les bons des sous-aides, ceux-ci seront tenus de faire signer ces bons, dès le lendemain de la livraison, par les chefs respectifs.

La pierre infernale ne sera jamais délivrée qu'au chirurgien en chef, qui seul en doit faire usage.

QUATRIÈME SECTION.

Nous allons indiquer succinctement, en renvoyant à notre *Flore médicale des Antilles*, les espèces de plantes médicamenteuses dont chaque officine d'habitation doit être pourvue, et avec lesquelles on remplacera avantageusement les plantes analogues venant d'Europe, qui ont perdu de leur qualité par le transport.

Espèces purgatives pour tisanes.

Pulpe de casse, *cassia silvestris.* (Linn.)
— de tamarins, *tamarindus.* (Linn.)
— de grand médecinier, *Jatropha carcas.* (Linn.)
   (Avec réserve.)
Jeunes pousses de médecinier bâtard, *croton tiglium.*
   (Linn.)
— de mombain, *mirobalanus.* (Sloa.)
Liane à Bauduy, *convolvulus scammonia.* (Linn.)
   (Avec réserve.)
Huile de ricin, *ricinus palma Christi.* (Linn.)
   Les feuilles, trempées dans le vinaigre, sont employées utilement
   dans les céphalalgies.
Duvet du pois à gratter (vomitif vermifuge), *dolichos pruriens.* (Linn.)
   Nota. On associe à un sirop le duvet irritant, pour adoucir son action.

Espèces béchiques adoucissantes.

Réglisse, *abrus pecatorius.* (Linn.)
(Pour tisanes avec la racine de maïs.)
Fleurs de gombo, *hibiscus esculentus.* (Linn.)
— du cotonier, *gossypium.* (Tourn.)
— de mauves, *malva americana.* (Linn.)
— d'urène, *urena thyphalœa.* (Linn.)
— d'ooli, *sesamum orientale.* (Linn.)
— de martynia, *martynia angulosa.* (Linn.)
— de guimauve, *althea.* (Linn.)
— d'abutilon, *sida.* (Linn.)

Espèces béchiques divisantes.

Feuilles de capillaire, *adianthum americanum.*
— d'herbe à charpentier, *rivina minor.* (Plumier.)
Fleurs de karatas, *bromelia karatas.* (Linn.)
Feuilles de ruta muraria, *ruta muraria clematitis al-
tissima.* (Plumier.)
Fleurs d'aunée, *enula campana.*
(De chaque parties égales.)

Incisez et conservez pour l'usage.

ESPÈCES ERRHINES

Sternutatoires.

Tabac, *nicotiana.* (Linn.)
Racines de gingembre, *zinziber.* (Linn.)
Santoline, *santolina phyrethri sapore.* (Linn.)

Sialologues.

Rac. pyrèthre, *pyrethrum aphillum.*
Poivrier, *piper.*
Tithymale, *tithymalus fruticosus foliis buxi.* (Plum.)
Moutarde, *sinapis.*
Piment, *piper indicum*, *vel capsicum fructu longiori rubro.* (Inst. r. h.)

Espèces hystériques.

Sensitive, *sensitiva pudica mimosa.*
Aristoloche, *aristolochia scandens.*
Matricaire, *matricaria absynthioïdes parvo flore.* (Plumier.)
Bourgeons d'avocatier, *persea clus.*
Mélisse, *melissa spicata lavendulam spirans major.* (Plumier.)
Mélisse puante, *melissa fœtida.*
Pois puant, *anonis americana folio latiori.*
Valériane, *valeriana.*

Espèces diurétiques.

Herbe à collet, *piper peltatum* (Linn.), *vel saururus umbilicatus.*
Chicorée sauvage, *chicoreus sylvestris.*
Oseille maronne, *oxalis acetosella.* (Linn.)
Oseille de Guinée. . . { *ketmia africana hortensis rubra acetosæ sapore.* (Plumier.) / *hibiscus sabdarifera.* (Linn.)

Fraisier, *fragaria.*

Chiendent, *gramen repens.*

Graines du sapotiller, *achras sapota.* (Linn.)

— d'ooli, *sesamum orientale.* (Linn.)

Liane à savon, *aceri affinis coryli foliis et viliculis donata, scandens; floribus racemosis albis, fructibus trialatis.*

Caprier rampant, *tribulus terrestris maximo cistiflore luteo.* (Plumier.)

Alkekenge, etc., *solanum americanum vesicarium.* Incisez et conservez.

Espèces diaphorétiques.

Râpures de gayac, *guaïacum tetraphyllum fructu singulari.* (Plumier.)

Chardon béni, *carduus benedictus.*

Sassafras, *conysa frutescens major purpurea, conysæ vulgaris foliis amplioribus.*

Salsepareille, *smilax affinis salsaparillæ.* (Inst. r. h.)

Squine des Antilles, *smilax asperosa, nodosâ radice rubrâ.* (Plum.)

Bois d'anisette, *saururus frutescens, foliis cordiformibus, et latis anethi odore.* (Plumier.)

Zérumbeth, *zinziber latifolium sylvestre.*

Amourette franche, *solanum non aculeatum.* (Nicolson.) Incisez et conservez.

Espèces cordiales ou alexitères.

Citron limon, *citrus limon.*

Zestes des fruits du citronier et des orangers, *aurantium dulci medullâ vulgare.*

Amandes du coucourout, *nhandiroba scandens.* (Plum.)

Sucrier de montagne (feuilles et fruits), *terebinthus cortice betulæ.* (Plumier.)

Liane à serpent, *cuapeba folio orbiculari non umbilicato.*

Valériane, *valerianella foliis subrotundis subtùs argenteis.* (Plum.)

Mal nommé, *tithymalus humifusus, serratus, floribus in capitulum, alis adherens conjestis.* (Plum.)

Galéga, *galega frutescens flore purpureo, foliis sericeis.* (Plumier.)

Dompte-venin, *asclepias.*

Herbe à courette, *saururus.*

Incisez et conservez.

Espèces céphaliques.

Feuilles et fleurs séchées

De thym, *thymus.*

De sauge, *conyza americana.*

Ecorce de canelle, *cinnamomum.*

Fruits du giroflier, *caryophillus aromaticus.* (Linn.)

— du muscadier, *myristica officinalis.* (Linn.)

Feuilles et fleurs de basilic moyen et violet, *ocymum medium.* (Linn.)

Franc-basin, *ocymum basilicum.* (Linn.)

Sarriette, *saturea americana frutescens foliis linearibus.*

Incisez et conservez.

Espèces ophtalmiques.

Plantain, *plantago.*

Bourgeons de monbin, *arbor foliis fraxini, fructu luteo racemoso.* (Plumier.)

Chélidoine à feuilles d'acanthe, *chelidonium americanum acanthi folio.*

Verveine, *verbena americana.*

Liane aux yeux, *bryonia*, ou *queraïba* des Caraïbes.

Chèvrefeuille, *caprifolium americanum.*

Sauge, fumée pour ophtalmies séreuses.

Incisez et conservez.

Espèces stomachiques.

Thé de Saint-Domingue, *capraria biforia.* (Linn.)

Absinthes, *parthenium hysterophorus, et ambrosia arthemisi folia.* (Plumier.)

Café, *coffea arabica.* (Linn.)

Cacao, *theobroma cacao.* (Linn.)

Vanille, *vanilla flore viridi et albo, fructu nigricante.*

Sauges, *conizæ.*

Absinthoïdes, *absinthoïdes caulescens tenuifolium flore luteo.*

Liane à vers, *cactus peruvianus scandens et repens.* (Plumier

Mélisse de Moldavie, *moldavica americana odore gravi*

Fougère, *felix americana.*

Gingembre (racines), *zinziber*, etc.

Herbe à plomb, *lantana camara.* (Linn.)

Incisez et conservez.

Espèces fébrifuges.

Quinquina des Antilles, *cinchona caribœa.* (Linn.)

Acacia de Farnèse, *acacia globularia lutea odorata.* (Plumier.)

Centaurée, *centaurium minus maritimum amplo flore cœruleo.* (Plumier.)

Mangles rouges (écorce), *mangles aquatica foliis subrotundis et punctatis.* (Plum.)

Bois de chêne (écorce), *bignonia foliis longissimis et angustissimis.* (Plumier.)

Citronier, *citreum.*
> Son écorce en poudre, le sirop de poincillade et la limaille de fer, donnent des pilules toniques.

Cascarille, *ricinoïdes americana œleagni folio.* (Plum.)

Poincillade (fleurs), *poinciana pulcherrima.* (Linn.)

Incisez et conservez.

Espèces hépatiques.

Aigremoine, *agrimonia.* (Linn.)

Eupatoire, *eupatorium sophiœ folio, flore purpureo.* (Plum.)

Scolopendre, *lingua cervina foliis ensiformibus serratis.* (Plumier.)

Fougère, *osmonda lanceolata et leviter serrata.* (Pl.)

Polypode, *polypodium pendulum et glabrum.* (Plum.)

Grand cousin, *onobrychis fructu echinato major.* (Pl.)

Grand mahot, *ketmia amplissimo folio cordiformi flore vario.* (Plumier.)

Grande centaurée, *centaurium majus maritimum ample flore cœruleo.* (Plumier.)

Hydrocotile, *hydrocotile maximo folio umbilicato , floribus radiatim nascentibus.* (Plum.)

Hépatique, *marchantia.* (Linn.)

Incisez et conservez.

Espèces carminatives.

Sarriette grande de Saint-Domingue , *ocymum maximum catariæ folio*, etc.

Sarriette petite , *bidens humifusus spargulæ facie,* etc.

Anis , *anisum ,* etc.

Poivrier de montagne.

Zestes d'oranges et de citrons, *aurantium et citrum vulgare.*

Gingembre (racine), *zinziber.* (Linn.)

Absinthes , *parthenium hysterophorus , et ambrosia arthemisi folia.* (Linn.)

Café , *coffæa arabica.* (Linn.)

Incisez et conservez.

Espèces antiscorbutiques.

Cresson de savane (petit), *thlaspi nasturtii sapore.* (Poupée Desportes.)

— commun et plus fort, *conyza, linariæ folio et facie, flore ex albo luteo.* (Poupée Desportes.)

Ménianthe, *menyanthes nympheæ folio, flore albo.* (Plumier.)

Canelle blanche, *cortex Winteranus, aut canella alba fulvescens.* (Plum.)

Canelle noire, *ravend - sara canella caryophillata.* (Plumier.)

Manguier (fruits récens ou fleurs), *arbor mangifera.* (Linn.)

Bois d'anisette, *saururus frutescens.* (Plumier.)

Eau du cocotier, *cocos, nux indica, aut nux palmæ indicæ cocciferæ angulosa.* (Linn.)
    (A ajouter sur le champ.)

Oseille, *alleluya.*

Bourgeons de mombin.⎫
— de citronier. . . . .⎬ Pour gargarismes.

Espèces vulnéraires astringentes.

Raisinier, *guiabara racemosa foliis coriaceis subro-tundis.* (Plumier.)

Grenadier (écorces), *punica americana.*

Icaquier (fruits), *Icaco fructu ex albo rubescente, aut fructu nigro, aut fructu purpureo.* (Plum.)

Jaune d'œuf (fruits), *leucoma.*

Genipayer, *genipa fructu ovato.* (Plum.)

Goyavier (fruits), *guaiava.* (Plum.)

Caymitier (fruits), *crysophyllum caymito.* (Linn.)

Avoine de chien, *abutilon fructu minori tricuspidato.* (Plumier.)

Brunelle (pain d'épice), *brunella nodosa.* (Plumier.)

Prêle d'Amérique, *equisetum vulgari longius.* (Poupée Desportes.)

Cupani châtaignier, etc., *cupania castaneæ folio, fructu sericeo et racemoso.* (Plumier.)

Coupez et conservez.

Espèces vulnéraires détersives.

Herbe à blé, *saccharum vulnerarium.* (Tussac, *Flore des Antilles.*)

Bananier (suc du), *musa paradisiaca.* (Linn.)
(Ses feuilles sont précieuses pour le pansement des vésicatoires.)

Médecinier petit (tiges et feuilles), *croton seu ricinoïdes gossypii folio splendente et villosus, floribus atro-purpureis.* (Poupée Desportes.)

Manihot à feuilles d'ormes (feuilles et tiges), *ricinoïdes seu potius manihot ulmi folio ampliore.* (Plumier.)

Liane langue à chat, *eupatorium atriplicis folio.*

Bois corail, *ixora coccinea.*

Herbe à plomb, *lantana camara.* (Linn.)

Cévadille, *cevadilla mexicana.*

Héliotrope, *heliotropium americanum cœruleum foliis hormini.* (Plumier.)

Serpentaire, *ophyoglossum cordiforme et reticulatum.* (Plumier.)

Karatas (suc), *bromelia karatas.* (Linn.)
(Son suc pour le pansement des plaies récentes.)

Espèces vulnéraires apéritives.

Bourgeons de pin, *pinus americana, foliis prælongis subindè ternis, conis pluribus confertim nascen-tibus.*

B. de bois de chandelle, *sambucus ligno duro odora-tissimo.* (Plum.)

Verge d'or, *virgo aurea americana.* (Plum.)

Collet Notre-Dame, *saururus foliis amplis cordatis non umbilicatis.* (Plum.)

Véronique, *veronica fruticosa teucrii facie*. (Plum.)
Cresson de Savane, *lepidium iberis*. (Linn.)

Espèces émollientes.

Graines de coton, *gossypium herbaceum arboreum*.
    (Linn.)
        (En cataplasme fondant.)
Guimauve satinée, *althea ulmi folio, floribus exiguis
    ad alas congestis*. (Plum.)
Mauve, *malva americana*.
Liane molle, *cissus sicioides*. (Linn.)
        (Feuilles pour le pansement des vésicatoires.)
Raquette, *cactus opuntia*. (Linn.)
        (Unie à la graisse pour cataplasmes maturatifs.)
Raquette à cochenilles, *cactus cochellinifera*. (Linn.)
Epinards marrons, *amaranthus oleraceus*. (Linn.)
Kaia, *sinapistrum pentaphillum non spinosum*. (Pl.)
Amarillis (oignons), *amaryllis rubro flore*.
Lis du pays (bulbes), *pancratium caribœum*. (Linn.)
Morelle laman, *solanum racemosum indicum phyto-
    lacca*. (Linn.)
Pariétaire, *parietaria flore globoso*. (Plumier.)
Ketmie, *ketmia hibiscus*.
Seneçon, *senecio foliis sauriris undulatis et perforatis*.
    (Plumier.)
Fausse guimauve, *abutilon vesicarium flore luteo
    majus*. (Plumier.)
Gombo, *hibiscus esculentus*. (Linn.)

    Coupez et conservez.

Espèces résolutives.

Farine de patates, *convolvulus foliis cordatis.*
— de petit mil, *milium effusum.* (Linn.)
— de mil chandelle, *panicum indicum.* (Linn.)
— de maïs, *zea mays.* (Linn.)
— d'igname, *discorea.*
— d'arbre à pain, *artocarpus.*
— de gomme bayaonde, *mimosa urens.* (Linn.)
Verveine à fleurs bleues, *verbena jamaiconeis.* (Linn.)
    (Pour cataplasmes résolutifs.)
Manioc récemment râpé, *jatropha manihot.* (Linn.)
    (Pour cataplasmes résolutifs.)
Absinthes. . . . . . { *partenium hysterophorus.* (Linn.)
                { *ambrosia arthemisi folia.* (Linn.)
    (Pour cataplasmes résolutifs.)

Conservez.

Espèces assoupissantes.

Apocin à fruit épineux, *apocinum fructu spinoso.*
A. corne cabrit, *apocinum scandens silicis maculosis,*
    et fructu maculoso. (Plum.)
Camérier, *cameraria.*
Québec, *trachelium sonchifolio flore longissimo albo.*
Canne de Madère, *narcissus zelanicus.*
Manihot, *manihot jatropha.*
Solanum à feuilles d'acanthe, *solanum arborescens*
    spinosum acanthi folio tomentoso. (Plum.)
Beringène, *solanum pomiferum fructu ovato.*
Morelle amourette, *solanum pomo spinosa.*

Azédarac, *melia azedarach.* (Linn.)

Pomme épineuse, *stramonium americanum minus al-kekengi folio.*

Espèces rafraîchissantes acidules.

Alleluya (toutes les parties), *oxalis acetosella.* (Linn.)

Oseille de Guinée (toutes les parties), *hibiscus sabdari-fera.* (Linn.)

Acide du citron, *citrus.*

Rafraîchissantes ou tempérantes.

Chicorée blanche du pays, *lactuca canadensis.* (Linn.)

Epinards marrons du pays, *amaranthus oleraceus.* (Linn.)

Laman, *solanum solani hortensis foliis et facie, baccis nigris.* (Plumier.)

Tiges et feuilles de réglisse, *abrus pecatorius.* (Linn.)

Racines de maïs, *zea mays.* (Linn.)

Nénuphar, *nymphea americana foliis minoribus, flore albo.* (Plumier.)

Voyez, pour de plus grands détails, notre *Flore médicale des Antilles,* qui va paraître incessamment.

FIN DE LA TROISIÈME ET DERNIÈRE PARTIE.

TABLE

DES MATIÈRES.

PREMIÈRE PARTIE.

Pages

Hygiène des Européens pendant la traversée. . . 1

Ordre premier. *Circumfusa.* 6

Ordre deuxième. *Applicata.* Les habillemens, les
bains, lotions, etc. 19

Ordre troisième. *Ingesta.* Les alimens, les condimens, les boissons et les médicamens non évacuans. 25

Ordre quatrième. *Excreta.* 39

Ordre cinquième. *Gesta vel acta.* Les veilles, le
sommeil, le mouvement, le repos. 42

Ordre sixième. *Percepta.* Les sensations, les affections de l'âme, les fonctions intellectuelles, etc. 48

Police hygiénique du bord. 55

SECONDE PARTIE.

PREMIÈRE SECTION.

*Hygiène des débarqués aux colonies ou sous tout
autre climat.*

Moyens de prévenir la fièvre jaune chez les individus
de diverses professions. . . . . 6.

Pages

SECONDE SECTION.

Précis historique de la fièvre jaune. 82
Première période. 83
Seconde période. 85
Autopsie cadavérique. 87
Causes prédisposantes. 88
Moyens prophylactiques à employer contre l'invasion
    de la fièvre jaune. 89
Traitement curatif de la fièvre jaune. 90
Méthode curative des créoles et des mulâtresses. . . 92
Résumé du traitement proposé par le docteur Cailliot. 93

TROISIÈME PARTIE.

PREMIÈRE SECTION.

*Aphorismes hygiéniques convenables aux Européens
pendant leur séjour dans les pays chauds.*

ORDRE PREMIER. *Circumfusa*. 97
ORDRE DEUXIÈME. *Applicata*. 104
ORDRE TROISIÈME. *Ingesta*. 109
ORDRE QUATRIÈME. *Excreta*. 117
ORDRE CINQUIÈME. *Gesta*. 122
ORDRE SIXIÈME. *Percepta*. 126

SECONDE SECTION.

Police hygiénique à observer dans les hôpitaux des
    colonies et dans la société. 130

Pages

TROISIÈME SECTION.

Formulaire pharmaceutique des colonies. 145

Suite de l'arrêté du comité de santé pour la police intérieure des hôpitaux.

Observations sur la conservation des médicamens officinaux. 153

Observations sur la conservation des médicamens magistraux. 156

Observations sur les médicamens externes confiés aux élèves chirurgiens. 158

QUATRIÈME SECTION.

Espèces des plantes médicamenteuses dont chaque officine d'habitation doit être pourvue. 160

FIN DE LA TABLE DES MATIÈRES.